有馬

真贋力《しんがんりょく》

金閣寺・銀閣寺住職が教える目利きの力

GS
幻冬舎新書
572

はじめに

本物と偽物、あるいは真贋《しんがん》。

いまという時代を仔細に眺めれば、それを見極めることができずに右往左往したり、一喜一憂したりしているように見えます。人物しかり、社会事象しかり、食べものも、身につけるものも、はたまた話すことも、考えることも……。

世間では、真贋を見分ける人を「目利《めき》き」と称しています。しかし、これだけ判断も価値観も揺らいでいるということは、目利きがそれだけ少なくなったということでしょうか。それとも偽物が当たり前になってしまい、もはや本物を見分ける必要がなくなってしまったということでしょうか。

真贋を見極めるのは、たしかに難しいことです。虚実皮膜《きょじつひにく》（近松門左衛門の芸道論で、芸の真実は虚構と現実との微妙なはざまにあるとするもの。『広辞苑』にも「皮膜」とは「区別しがたいようなわずかのちがい」とあります）という言葉もあるように、それが紙一重ということもあり得ます。

さらにものごとをややこしくしているのは、誰が見ても正真正銘の本物よりも、偽物かもしれないものにかえって魅力を感じるという人間の性《さが》があることです。完璧に仕上げられたものよりも、やや出来損ないのものに美を感じてしまうのも、そんな心性のあらわれかもしれません。

情報化という時代背景が、本物と偽物、真贋を見分けることの難しさに拍車をかけています。情報が簡単に手に入るようになったことで（そんな情報には大した価値はないのですが）、自分の目や耳で実際に確かめ、自分の頭で考える人が少なくなったように感じます。そのため簡単にだまされたり、人の口車にまんまと乗せられたりしています。

体験というものが、これほど軽視される時代もなかったのではないでしょうか。それに対して禅では、この体験を何より重視します。自らが体験してつかんだものだけが真実であり、また、ものごとの本質は体験でしかとらえることができないとされています。

本物と偽物を見分け、真贋を見極める、つまり目利きとなるためには、体験を積み重ねるしかありません。ものごとを正しく判断するためには、体験によって自分なりの軸や見識を身につけるほかないのです。

本書では、出会った人、禅僧としての修行、旅先で見聞したこと、茶の湯や書画など、私がこれまで体験を通して会得したことをまとめてみました。ご高覧いただければ幸いです。

真贋力《しんがんりょく》／目次

第二章　体験こそが真実に到達するための道　51

第三章　茶の湯に学ぶ禅の本質　87

構成 岩下賢作
大湊一昭
DTP 美創

第一章　言葉や情報の真贋を見極められない現代人

無欲とは、欲がないことではありません。惑わされず、欲とどうつきあっていくかが大事です。

いわゆる詐欺事件が後を絶ちません。嘘を語って、他人様《ひとさま》を欺《あざむ》き、金品をだまし取るのが詐欺ですが、これだけテレビや新聞で連日のように報道されていながら、一向になくなる気配がありません。発覚して報道される詐欺事件は、おそらく氷山の一角でしょうから、実際にはその何倍もの詐欺が行われているのだと思います。

それに対して、だまされるほうも悪いというのは、被害にあわれた方々の傷口に塩をぬるようなものです。だまされるほうも悪いということをいうのは、慈悲に欠けた発言だと思います。やはり、だました人間が悪いのです。

仏教には、「七仏通誡偈《しちぶつつうかいげ》」と呼ばれる短い経文のようなものがあります（偈文《げもん》）。これはお釈迦さまを含めた過去の七人の偉大な仏さま（過去七仏）が、みんなこぞって戒めたこととされているものです。

諸悪莫作《しょあくまくさ》　衆善奉行《しゅぜんぶぎょう》　自浄其意《じじょうごい》　是諸仏教《ぜしょぶつきょう》

書き下し文にすると、「もろもろの悪をなすことなかれ、もろもろの善を奉行し、自らその意を浄《きよ》くせよ、これ諸仏の教えなり」となり、意味としては、「悪いことをするな、善いことをしなさい、そして自ら心を清くしなさい、これが仏さまたちの教えです」となります。

悪いことをしないで、善いことをしなさい。わざわざ七仏通誡偈を持ち出すまでもなく、人間として当たり前のことです。

ただ、その当たり前のことを当たり前にできるかといえば、これがなかなか難しい。とはいえ、詐欺をはたらくなど、もってのほかです。

中国の唐時代の詩人、白楽天《はくらくてん》（白居易《はくきょい》）といえば、「天にあらば比翼《ひよく》の鳥、地にあらば連理《れんり》の枝」の一節で有名な、玄宗《げんそう》と楊貴妃《ようきひ》の愛をうたった『長恨歌《ちょうごんか》』で知られていますが、若いころは禅の道を求めた人でもあります。

あるとき、山奥の樹上で仙人のような暮らしをしながら修行をしている鳥窠《ちょうか》禅師（道林和尚）を訪ねました。そこで、「仏法の根本的な教えとは何ですか？」とたずねたところ、禅師は即座に「諸悪莫作　衆善奉行」と、七仏通誡偈の一節を引いて答えたといいます。

その当たり前すぎる答えに、白楽天は「そんなことは三歳の子どもでも知っています」と不服を述べたところ、「三歳の子どもでも知っているが、八〇歳の老人でさえそれを行うことは難しい」と、禅師は平然と答えました。

白楽天は禅師の答えにすっかり感服し、近くに庵《いおり》を結んで移り住み、朝な夕なに訪れて禅師に参禅したといいます。

人をだます、だまされるということでは、私自身も師匠である大津櫪堂《れきどう》禅師からかつてこういわれたことがあります。

「人をだます人間になってはいけない。だまされる人間でいいんだ」

その言葉を聞いて、なんだかホッとしたことを覚えています。人にだまされて被害をこうむったり、傷ついたりしたことのある方にはそう簡単には割り切れないことかもしれませんが、少なくとも自分は人をだます人間ではないということを生きるよりどころにしていただければと願っています。

詐欺にもいろいろあるようですが、絶対もうかるとか、高い配当をエサにして人のお金や財産をだましとるような詐欺は、ある意味、人の「欲」につけこんだ詐欺だといえます。

生きている限り、欲をすべて絶ってしまうことなどできません。お腹が減ったら何か食べたいと思うし、疲れたら眠りたいと思います。暑くなったらどこかで涼みたいと思うし、寒くなったら一枚余計に服を着たいと思います。それもまた、欲です。こうした欲は人間の生理にもとづくもので、生存に欠かせませんから、そう問題視することもないと思います。

真理を知りたい、自分を人間的に向上させたいというのも欲なら、お金持ちになりたい、有名人になりたいというのも欲。健康でいたい、幸せになりたいというのも欲なら、おいしいものを食べたい、いい家に住みたいというのも欲です。

生きていれば、あれがしたい、これがしたい、あれが欲しい、これが欲しいというものは枚挙にいとまがありません。それらすべてが欲です。そもそも、生きていること自体が欲だといえるかもしれません。だから、欲を持つこと自体にはいいも、悪いもありません。問題なのは、その欲によって真実が見えなくなったり、自分を見失ったり、正しい判断ができなくなったりすることです。詐欺師は、そこにつけこむのです。

人間の欲望には際限がありません。もっと、もっとと肥大化し、これを手に入れたらあれ、あれを手に入れたらそれと、どんどんエスカレートしていきます。その結果、欲の奴隷と化してしまいます。そうなっては、真贋を見抜く目を持つことなど不可能な話です。

仏教ではよく「無欲」の大切さが説かれますが、そもそも無欲とは欲がないことではありません。それでは生きていけないでしょう。無欲とは、欲に惑わされることがないということです。ですから大事なことは、そうした欲とどうつきあっていくかということであり、また、どのような欲の持ち方をすれば欲に目がくらんで失敗をするようなことがなくなるかということです。

欲をすべてなくすことはできませんが、欲を少なくしていくことはできます。生きていくうえで最低限必要なものは致し方ないとして、それ以上のものを際限なく求めない、必要以上に求めすぎない、ほどほどのところで満足するということが大切です。

そのためには、「足るを知る」必要があります。それを仏教では「少欲知足《しょうよくちそく》」といいます。これこそが、お釈迦さまが入滅《にゅうめつ》するときに説いた教えです。

「多欲の人は利を求めること多きがゆえに、苦悩また多し。少欲の人は無求無欲なれば、すなわちこの患《うれ》いなし」

少欲については、こう説いています。さらに知足については、こうおっしゃっています。

「もし、もろもろの苦悩を脱せんと欲せば、まさに知足を観ずべし」

足るを知っている人は、必要以上の利を求めないことで、人にだまされて苦しんだり、悩んだりすることから解放されます。しかし、足るを知らない人は、いつも心が満たされないため、ついうまい話に乗せられてしまう。それが悩みや苦しみを生む種になります。どちらが幸せな生き方か、いわずもがなでしょう。

欲望を全面的に肯定することが現在の消費社会や資本主義の土台となっているようですが、野放図な欲望は、かえって人を不幸にしてしまうように思えてなりません。少欲知足の教えをいま一度、噛みしめてほしいと思います。

禅は「捨て去る」ことに徹底しています。悟りに執着する心すらも捨てるのです。

欲もそこに含まれますが、私たちを煩わせたり、悩ませたり、またそれによって私たちの目を曇らせ、ものを見えなくさせ、判断を誤らせるものを、仏教では広く「煩悩《ぼんのう》」といいます。

仏教の「空」の思想を大成したとされているインドの高僧、龍樹《りゅうじゅ》菩薩（ナーガールジュナ）は、その著作である『大智度論《だいちどろん》』の中で、「煩悩とは能《よ》く心をして煩わしめ、能く悩みをなす。故に名づけて煩悩となす」といっています。

煩悩とは平たくいってしまえば、私たちが生きていくうえで日々、頭に浮かんでくるすべてのことです。

ですから、煩悩を止めることはできません。生きている以上、ものを考えないわけにはいかないし、何かを意識しないわけにもいきません。ほかの動物に比べて人間は脳が発達してしまったので（だからといって、必ずしも賢いというわけではありませんが）、黙っていてもいろいろなことが次から次と頭に浮かんできます。それはどうしようもないことです。

煩悩はさまざまなことから生じてきますが、その代表的なものが「三毒《さんどく》」と呼ばれているものです。三毒とは、「貪欲《とんよく》」「瞋恚《しんに》」「愚癡《ぐち》」の三つのことで、合わせて「貪瞋《とんじん》癡《ち》」ともいいます。

貪欲とはものをむさぼる心、瞋恚とは怒りの心、愚癡とは無知や愚かさのことです。それによって、ものを正しく見ることができなくなります。

そうとわかっていても、煩悩をすべて止めることは不可能です。むしろ問題とすべきは、そうして生じてきた煩悩にとらわれてしまうことです。このように心が何かにとらわれた状態を、仏教では「執著《しゆうじやく》（執着）」といいます。この執著が原因となって、私たちは煩ったり、悩んだり、ものごとを正しく見ることができなくなったりするのです。

この執著を捨てろと、仏教では説きます。

「放下著《ほうげじゃく》」という禅語があります。放下とは、投げ捨てる、捨て去るという意味です。京都の言葉でいえば、「ほかせ」です。ここでの著は、執著のことではなく、放下の意味を強調するための命令の助辞です。放下著とは、「捨てなさい！」ということです。

趙州《じょうしゅう》禅師といえば、禅語や公案《こうあん》にもよく登場する中国の唐時代の傑出した禅僧ですが、あるとき厳陽尊者《げんようそんじゃ》という修行僧が禅師にこう問います。「一物不将来《いちもつふしょうらい》のとき、如何《いかん》」（すべての煩悩を捨て去り、悟りを得て、無一物の境地に至りました。これからどうすればいいのでしょうか？）

それに対して趙州禅師は、ひとこと「放下著」と答えます。しかし、すべてを捨て去ったつもりの厳陽は、禅師がいわんとしていることがわかりません。そこで重ねて禅師にたずねます。「すでに是れ一物不将来、この什麼《なに》をか放下せん」（すでに何も持っていないのに、これ以上、いったい何を捨てればいいのですか？）

趙州禅師は答えます。「恁麼《いんも》ならば、すなわち担取《たんしゅ》し去れ」（そうであれば、その無一物の境地とやらを担いで去りなさい）。つまり、無一物とか、悟りとか、そういうことに執着する心もまた捨てなさいということです。

捨て去るということに関して、禅は実に徹底しています。趙州禅師の放下著には、清々しささえ感じます。

もうひとつ、執着を捨て去るということでご紹介しておきたいのが、中国の臨済宗の開祖である臨済義玄《ぎげん》禅師の話です。臨済禅師はその言行録である『臨済録』の中でこういっています。

「仏に逢うては仏を殺し、祖に逢うては祖を殺す。羅漢《らかん》に逢うては羅漢を殺し、父母に逢うては父母を殺し、親眷《しんけん》に逢うては親眷を殺して、始めて解脱《げだつ》を得ん」

仏も、祖師も、悟りを開いた高僧も、父母も、親族もすべて殺してしまえといいます。ずいぶん過激な発言ですが、それらはすべて人間にとって執着のもとになるものです。ですから「殺せ」というのです。もちろん、この場合の「殺せ」は「捨てろ」ということです。この考えを推し進めていけば、お釈迦さまやその教えに執着することも間違いだということになります。もう、一切合切手放してしまえ、捨ててしまえというのですから、その放下の徹底ぶりには激烈ささえ感じます。

煩悩が多いということは、その分だけ苦しみや悩みの種となるものが多いということですが、それだからこそ逆に、その煩悩から解放されたときには、より大きな悟りを得ることができます。

それゆえ仏教では、「煩悩即菩提《ぼだい》」ということがいわれます。私たちは煩悩具足《ぐそく》の存在です。具足とは十分そなえているということで、私たちはいわば煩悩まみれ、煩悩のかたまりだということです。

しかし、煩悩は必ず晴れるときがあり、それがそのまま悟りになり得るというのが、煩悩即菩提の意味です。そのときのほうが、はじめから煩悩がないよりも得られる喜びは大きいのです。

繰り返しになりますが、生きている限り、煩悩が消えてなくなるということはありません。大事なことは、自分は煩悩具足の存在だということを認識し、なおかつ、できるだけ煩悩にとらわれない生き方をすることです。

「疑わざる、これ病なり」。先入観や固定観念にとらわれてはいけません。

私たちの目を曇らせ、真実や本質を見えなくさせるものに、「先入観」や「固定観念」があります。「前例」や「常識」なども、同じことです。私たちはどうしても、そうしたことにとらわれてしまいます。

仏教には、「無住《むじゅう》」という言葉があります。住職がいないお寺のことも無住といいますが、ここでいう無住とは一切の束縛を断ち切った、とらわれのない心の状態をさします。その逆に、住《じゅう》するとは、こだわりやとらわれによって心や考えが滞ってしまうことです。その原因となるのが、先入観であり、固定観念であり、前例や常識です。

ですから、そうしたことを頭から鵜《う》呑《の》みにしたり、ただ唯々《いい》諾々《だくだく》と従ったりするのではなく、はたして本当だろうかと、まずは一度、疑ってみたほうがいい。禅では、疑うことの大切さを強調します。臨済禅師は、「疑わざる、これ病なり」とまでいっています。

疑うことの大切さを説いた代表的な言葉が、白隠慧鶴《はくいんえかく》禅師の「先《ま》ず須《すべか》らく大疑団《だいぎだん》を起こすべし」です。大疑団とは、文字通り大いなる疑問を持ち、それを徹底的に疑い、全身が疑いのかたまりとなることです。

いい加減なところで妥協したり、ごまかしたりせず、その疑いを何とか自分なりに解明しようとしてとことん突き詰めていくことで、それが明らかになったときには大きな悟りが得られるのです。「大疑の下に大悟あり」という禅語も、そうしたことを表わしています。

先入観や固定観念を端から信じて疑わず、「疑わざる、これ病なり」という状況になっているのが、たとえば北朝鮮に対する見方です。「北朝鮮は悪い国」という先入観や固定観念で見てしまうため、そこで凝り固まってしまい、そこから先に進みません。安倍政権は拉致問題の解決や核兵器の開発阻止のためには、北朝鮮に対して最大限の圧力をかけ続けるしかないという一点張りでした。おそらく、それでは問題は解決しないでしょう。

私は拉致問題を解決するためにも、国交回復が先だといっています。そうすれば、日朝間で停滞してしまった問題は動き始めます。実は自民党の国会議員の中にも、私の考えに賛成する人がいます。この問題に関して、執拗に強圧的な力による解決を図ろうとする安倍総理はおかしいといいます（最近、条件を付けずに金正恩《キムジョンウン》委員長に会うと態度を軟化させているようですが、それはそれで批判を浴びています）。国交を回復すれば、問題は本質的に解決する方向に向かいます。

こういうときこそ、私は民間外交が大切だと思っています。政治家や経済人は北朝鮮に入ることができませんが、幸いなことに仏教者である私たちは入ることができます。

私は、これまでに五回、北朝鮮に行きました。最近では二〇一八年一一月に北朝鮮南西部のケソン郊外に復元された霊通寺《れいつう》で行われた朝鮮半島の平和と統一を祈願する法要に参加してきました。南北首脳や米中首脳による会談が実現したことを踏まえ、世界の平和を願い、戦争を起こしてはならないと祈るためにお経をあげました。

霊通寺は一〇世紀から一四世紀にかけて朝鮮半島を統治した高麗《こうらい》時代の名刹で、一九九七年に日本の大正大学が発掘調査をしたことをきっかけによみがえった寺です。社会主義国だけに、はたして再興されるかどうか疑問に思っていたのですが、当時の金正日《キムジョンイル》主席の肝いりで見事に復元されました。二〇〇六年の落慶《らっけい》法要にも参加し、導師という大役を務めさせていただきました。

そもそも北朝鮮を訪れるようになったきっかけは、『高麗版一切経《いっさいきょう》』にありました。『一切経』とは、お釈迦さまの教説に関わる仏教経典を集大成したもので、『大蔵経《だいぞうきょう》』とも呼ばれています。『高麗版一切経』は高麗の時代に木版印刷でつくられた歴史的に非常に貴重なものです。

およそ六〇〇年前の室町幕府第四代将軍、足利義持公のときに高麗から伝えられましたが、そのお礼をしたいと思い、版元であるピョンヤン郊外の妙香山普賢寺《みょうこうさんふげんじ》を訪れました。行ってみて驚いたのですが、八万枚以上あるとされる版木がきちんと整理されており、虫に食われてもいなければ、カビも生えていません。それを見て、北朝鮮は文化を大切にしている国だということを実感しました。ここにある大蔵経は北朝鮮の国宝だそうです。

普賢寺は一九五〇～五三年の朝鮮戦争で米軍の爆撃にあい、中心的な建物が破壊されましたが、金日成《キムイルソン》主席の指示によって原状通りに復元されたといいます。普賢寺に行くとわかるのですが、『高麗版一切経』は京都の東福寺、建仁《けんにん》寺、そして相国《しょうこく》寺に贈られたと書いてあります。相国寺に贈られたものは経蔵《きょうぞう》に大切に保管しています。「大事に守っていますよ」と私が告げると、先方も喜んでくださいました。

このような文化交流は、政治状況や政治体制などを超えて実施されるべきだと思います。私たちが日ごろニュースで目にする北朝鮮は、悪い国、危険な国という一面のイメージでしか語られません。北朝鮮が文化を守るためにどれだけのことをしているのかといったニュースは、まず入ってきません。

トップはパワーゲームに明け暮れているかもしれませんが、民間外交や文化交流に尽力している人々にはいい人が多いのです。敵愾心《てきがいしん》をあおるような政策ばかりでは、「北朝鮮、憎し」の先入観や固定観念を助長するばかりで、お互いを本当に理解することができません。

その北朝鮮に関して、いま取り組んでいることのひとつが、日本による植民地時代に朝鮮半島から募集、官斡旋《あつせん》、徴用《ちようよう》などによって日本にやって来て、日本の軍事施設や炭鉱、企業などで働いているうちに亡くなり、そのまま無縁仏となってしまった朝鮮人労働者や家族の遺骨を返還する活動のお手伝いです。みなさんはあまりご存じないかもしれませんが、そうした遺骨は宗派を問わず、日本の各地にある寺にお祀りされています。

この活動に一生懸命取り組んできたのが、大阪市天王寺区にある統国寺《とうこくじ》というお寺の崔無碍《チエムエ》住職です。崔住職とは北朝鮮に行くときに、よくご一緒します。その遺骨はもともと岡山県にあるお寺に安置されていたものですが、一九七四年に統国寺に移管されました。そのうち、七四柱が二〇一九年二月に韓国に引き渡されました。これは南北融和の機運を受け、二〇一八年に韓国、北朝鮮、日本の団体が民間レベルで始めた共同事業の一環です。

統国寺で行われた奉還式で崔住職は、「無縁仏は半世紀を経て祖国に帰るが、一九柱は名前もわからず、一四柱は創氏改名《そうしかいめい》のため日本名だけ。こうしたかわいそうな遺骨を二度と出さないよう、私たちは過去を胸に刻まなくてはならない」とおっしゃっていました。まったくその通りです。

東京の祐天寺にも朝鮮半島出身者の遺骨がいまも七〇〇柱あり、そのうち四二五柱は本籍地が北朝鮮出身者のものだそうです。こうした遺骨を少しずつでも返還していくことが、植民地支配によって朝鮮半島の人々に苦しみを与えてしまった日本の戦争責任の果たし方のひとつではないかと思います。それが歴史問題の対立を乗り越え、東アジアの平和に寄与することにもつながると信じています。

国と国同士が正面切ってこうした活動に取り組むことが理想的ですが、現実としてそれが難しいなら、民間外交で進めるべきでしょう。そのほうがかえって真実の姿が見えて、お互いを理解し合えるかもしれません。

地位も肩書きも、環境も学歴も関係ない。一無位の真人として生き、自分の頭で考える。

臨済禅師の言行録として知られる『臨済録』の中に、「無位《むい》の真人《しんにん》」という言葉が登場します。

「赤肉団《しゃくにくだん》上に一無位の真人有り。常に汝ら諸人の面門より出入す。未だ証拠せざる者は看《み》よ看よ……」

赤肉団とは、肉体のことです。そこに「何ものにもとらわれない、いかなる枠にもはまらない、本当に自由な一人の真《まこと》の人がいて、いつも五官を通して出たり入ったりしている。それをまだ見届けていない人は、さあ見なさい！　さあ見なさい！」というのが、この言葉の大意です。

無位の真人とは究極的には仏のことをさしますが、ここでは真実の自己、本来の自己に目覚めた人ということです。もっと有《あ》り体《てい》にいえば、上下関係や地位を超越した人、そうしたものを気にも留めない人ということができます。

とかく私たちは、他人を見るときに地位や肩書き、その人が置かれた社会的環境や氏育ちといったものにとらわれてしまいます。課長よりも部長、小さな会社よりも大企業、高卒よりも大卒、年寄りよりも若い人、貧乏よりも金持ち、障害者よりも健常者といった具合に、いわゆる世間の価値基準で人を見て、判断してしまいます。

それが、人の目を曇らせ、真実を見えなくさせてしまいます。しかし、そうしたものはただのまやかしやお飾りのようなものであって、その人の本質を語るものではありません。そうしたものをすべて取り去って、その人が、まさにその人たることを禅では「本来の面目《めんもく》」といいます。いわば、その人が生まれながらにして持っている自然のままの自分ということです。

禅に限らず、仏教ではそれがそのまま「仏性《ぶっしょう》」ということになります。仏性とは、修行とか、悟りを開くとか、そうしたこととは関係なく、どんな人にも本来そなわっているもので、もともとその人の心にあるものです。この仏性という観点から見れば、すべての人は平等です。地位も肩書きも関係なければ、金持ちも学歴も関係ない。それこそが、臨済禅師が「看よ看よ」といっている無位の真人なのです。

自分の中にある無位の真人に気づくことができれば、他人と比べることもなくなります。私たちは人と比べることで、自らを不幸せにしています。人と比べることで生じてくるのが、いわゆる「嫉妬」です。人のことをねたみ、うらやみ、はては攻撃してしまう。それによって自分を見失い、自分を焼き殺してしまう。人の感情の中で嫉妬ほど醜いものはないかもしれません。

人と比べることをやめれば、それだけで苦しみや悩みが相当、片づくかもしれません。人のことをうらやましいと思っていたのが、まるで大したことではなかったと思えてきます。

また、嫉妬の裏返しが「尊大」です。人のことがうらやましいという気持ちが裏返って、自分が偉い、自分が一番だとふんぞり返り、他人を見下してしまう。こういう人は、往々にして一流企業の重役とか、省庁のような役所で高い地位に就いている人に多い。

あるいは定年退職しても、それを鼻にかけ、いつまでもかつての地位や名誉を捨てきれずにいます。これもまた、人間の態度としては実に醜いものです。

そういうことを捨てて、一無位の真人として生きれば、ものごとの真実や本質が見えてきて、真贋を見分ける力もついてきます。

振り込め詐欺や還付金詐欺、あるいは投資詐欺のようなものを見抜けずにだまされてしまうのは、具体的に何にだまされているのかといえば、「言葉」にだまされているということになります。

この言葉が、やっかいなのです。私たち人間は言葉を話せるようになって知能を発達させ、文化や文明といったものを築いてきました。それは間違いないことなのですが、それゆえかえって言葉につまずくようになってしまいました。言葉によってだましたり、だまされたり、傷つけたり、傷つけられたりしています。

言葉でつまずかないようにするには、結局、言葉を頭から鵜呑みにせずに、「それは本当だろうか」「なぜ、そうなのだろうか」と、その言葉が意味するものや、その言葉の裏にあるものを、よくよく自分の頭で考えるしかありません。いまの人に欠けているのは、この自分の頭で考えるということかもしれません。

臨済禅の修行で公案が重視されるのも、自分の頭で徹底的に考えることを身につけさせるためです。考えに考え、そのたびに師匠に却下され、それでもなお考え続ける。もうこれ以上は考えられないというところまでいって、そこで初めて手にできるのが、ものごとの真実や本質を見抜く力です。そうなれば、簡単に人にだまされたり、口車に乗せられたりすることもなくなります。

言葉でだまされないということで、いま私たちの京都仏教会で取り組んでいるのが、お布施《ふせ》やおさい銭などの宗教行為に関わる金銭のキャッシュレス決済導入に反対することです。二〇一九年六月に、第三者による信者の個人情報の把握や課税対象化などに対する懸念を理由に、キャッシュレス化に反対する声明を出しました。

すでに一部の寺院ではキャッシュレスによる布施やさい銭が実施されていますが、それもともとは「便利だ」「簡単だ」と、業者にいわれるままに実施したのが実情です。

しかし、それは布施という宗教的な行為をないがしろにするものです。本来、布施とは、仏教の重要な修行徳目《とくもく》である六波羅蜜《ろくはらみつ》（布施、持戒《じかい》、忍辱《にんにく》、精進《しょうじん》、禅定《ぜんじょう》、智慧《ちえ》）のひとつであり、他人に金品や食物などを施したり、相手の利益になるような教えを説いたりすることをさしています。

その基本は、布施をするほうからすれば、喜捨《きしゃ》をすることができることに対する感謝を伝えることです。いわば財物に託して、信者としての心を仏に捧げることであって、対価取引のような営業行為とは違います。ですから、便利だとか、簡単だとかという言葉で片づけられるものではありません。キャッシュレス化は、その本質を見失っています。

もちろん、私たちはすべてのキャッシュレス化に反対しているわけではありません。たとえば絵はがきやお守りなどを販売する収益事業に関しては、キャッシュレス化してもいいと思います。ただし、法要や拝観などの宗教行為は布施につながるわけですから、そこは明確に分離しなければなりません。

いかに時代がキャッシュレス化に向かっていようと、ここは時流に流されず、踏み止まって、その是非を議論する必要があります。その第一歩として、今回、声明文を出させていただいたというわけです。京都仏教会としては、これを全日本仏教会のほか、神社本庁、日本キリスト教連合会などでつくる日本宗教連盟にも訴えていくつもりでいます。

フェイクニュースやワンフレーズ政治にだまされないために必要なこと。

言葉の真実と偽りを見極めるために自分の頭で徹底的に考えることは、圧倒的なスピードと量で私たちの暮らしを取り巻いている情報化の時代だからこそ、大切なことだと思います。

そうしないと私たちは情報の洪水に押し流されてしまうし、自分で判断することができなくなってしまいます。いま、これだけ詐欺による被害が後を絶たないのも、情報洪水の渦中で自分の頭で考えなくなったことで、見通しが利かなくなってきたからだと思います。結局、情報の真贋が見抜けないために、嫌というほど入ってくる情報に溺れているのです。

そうした事態を象徴しているのが、いわゆる「フェイクニュース」と呼ばれる嘘の情報を真に受けて信じ込んだり、政治家の聞こえがいいワンフレーズに乗せられて本質を見誤ったりしていることです。

いま、私が取り組んでいることのひとつに、安倍政権による憲法九条改憲に反対する活動があります。私は、「安倍9条改憲NO！　全国市民アクション」という運動体の発起人の一人に名を連ねています。

二〇一九年七月の参院選後に、安倍政権は国民からの信任を得たという前提のもと、憲法九条の改憲を推し進めるという姿勢を鮮明にしました。安倍総理は、現行の平和憲法の原則は変えずに、九条に自衛隊の存在を明記するだけだといっていますが、ことはそれだけでは終わりません。

法律の基本的な原則のひとつに、「後の法は先の法を破る」というものがあるそうです。ある法律に、それまでと違うことを書き加えたら、前からある法律は意味を変えたり、効力を失ったりするということです。

その原則からいえば、平和憲法の象徴でもある現在の九条に自衛隊の存在を書き加えると、場合によっては戦争の放棄をうたった一項と、戦力の不保持を定めた二項が死文化する恐れが大いにあります。それによって、解釈によっては戦争を遂行できることになったり、軍備拡大に対する歯止めが利かなくなったりすることになりかねません。それは、まぎれもなく平和憲法を手放すことにつながります。

そのことをきちんと認識しなくてはなりません。すでに安倍総理の長期政権のもとで、再軍備ともいえるような状況に突入しています。中国や北朝鮮に対する危機感をあおるだけあおり、二〇一九年度の防衛予算案は前年よりも一・三％増えて五兆二五七四億円となり、五年連続で過去最高を更新しています。五月には訪日中のトランプ大統領との会談で、安倍首相は米国製の最新鋭ステルス戦闘機Ｆ35を一〇五機も購入する意向を示したそうです。

本当に戦争放棄や戦力不保持という平和憲法の原則を変えないというなら、どうしてこれほどの戦闘機が必要なのでしょうか。私には、戦争がしたくてしょうがないのではないかと見えてしまいます。そんなお金があるなら、東日本大震災をはじめ、その後も続く各地の豪雨被害の復旧・復興や、福島原子力発電所の放射能漏れ事故で難民となってしまった人々の救済に充てたらどうでしょうか。

戦争は二度としないと誓ったのが、憲法九条です。戦争がもたらす惨禍ということを考えれば、たとえそれがGHQの主導によってつくられたものであったとしても、そこに込められた平和憲法という理念は人類にとって普遍的なものです。それをないがしろにするような改憲には、断固反対していきたいと思っています。

そのためには、自分の頭でよく考え、彼らが話す言葉の真贋をしっかり見極めて、フェイクニュースやワンフレーズ政治にごまかされないようにしなくてはなりません。

もうひとつ例を挙げれば、改元に関する問題があります。新しい天皇陛下の即位によって新元号が「令和《れいわ》」と決まりました。その決定にあたって、安倍総理は記者会見で次のように説明しました。

「これは『万葉集』にある『初春の令月《れいげつ》にして、気淑《よ》く風和《やわら》ぎ、梅は鏡前の粉を披《ひら》き、蘭は珮後《はいご》の香を薫《かおら》す』との文言から引用したものであります。そして、この『令和』には、人々が美しく心を寄せ合う中で文化が生まれ育つという意味が込められております」

つまり令和とは、令月の「令」と風和ぐの「和」を結びつけたものですが、その典拠《てんきょ》とされたのは、『万葉集』巻五「梅花歌三十二首《ばいかのうた》」の序です。これは七三〇年（天平二年）正月一三日、大宰府《だざいふ》の長官だった大伴旅人《おおとものたびと》が大がかりな園遊の宴を催し、そこに集まった役人たちが詠《よ》んだ歌をまとめるとともに、漢文の序を付したもので、その一節に「于時初春令月、気淑風和」という句があります。「折しも正月のよい月であり、気候も清々しく風は穏やかだ」という意味です。

これだけであれば、何も問題がないと思われるかもしれませんが、この令和という文字の由来について、東京大学教授の品田悦一《しなだよしかず》さんが次のように解説されています。

「典拠の文脈を精読すると、〈権力者の横暴を許せないし、忘れることもできない〉という、おそらく政府関係者には思いも寄らなかったメッセージが読み解けてきます」

品田さんは、「于時初春令月、気淑風和」の部分についての説明はこれでよしとしながらも、『万葉集』の中のこの句の前後をしっかり読めば、当時、藤原氏一族によって不遇にさらされ、都である京から太宰府へ左遷された旅人の権力者への嫌悪と敵愾心《てきがいしん》が読み取れると解説しています。

そもそも梅花歌の序は、いくつかの漢詩文を前提にして成り立っているそうです。つまり令和が典拠としたものにも、さらに典拠があるということです。そのひとつが中国の六朝《りくちよう》時代に成立したとされている詩文選集で、日本にも早くに伝わり、文人の必読書として王朝文学などにも大きな影響を与えた『文選《もんぜん》』に収載されている張衡《ちようこう》という人の『帰田賦《きでんのふ》』です。

これは官途《かんと》に見切りをつけ隠遁《いんとん》生活に入ることを述べた作品で、その文中には「河の清《す》まんことを俟《ま》てども未だ期あらず」という一節があり、政界の浄化がいつまでも実現しないことを嘆いていています。

ここまで梅花歌の序の背景を読み込んでから、令和という元号についても考えたほうがいいと思います。さらに令和騒動で気になったのは、これまで元号はすべて中国の古典を典拠としてきたが、初めて日本の古典である『万葉集』を典拠とした画期的なものだという論調があったことです。しかし、いま述べたように『万葉集』自体が中国の詩文の影響を強く受けているのですから、そうした言説は的外れだということは明らかです。

そもそも、元号という制度時代が中国の制度にならったものです。その中国にも、いまは元号制度はありません。それを現在も維持しているのは、日本だけです。中国の遺制を世界で唯一、維持しているのが日本の元号制度なのですから、ことさらに日本の古典を強調するのもおかしなものです。

また、安倍総理はその記者会見で、『万葉集』には「天皇や皇族、貴族だけでなく、防人《さきもり》や農民まで、幅広い階層の人々が詠んだ歌が収められ」ていると述べていましたが、やはり品田さんによれば、こうした見方は三〇年くらい前までの通念で、「貴族など一部上流層にとどまったというのが現在の研究では通説」なのだそうです。

ときにはパソコンやスマートフォンを切って情報の断食を。本当に必要な情報は、案外少ない。

情報や知識は多ければ多いほど真贋を見極めたり、ものごとを正しく判断できたりすると思われがちです。そのため、朝から新聞に目を通し、テレビのニュースを見て、パソコンやスマートフォンで四六時中、情報を確認しているのが、いまの大概の日本人です。

ところが、あにはからんや、そうした知識や情報がかえって私たちを真実や本質から遠ざけてしまうことがあります。なまじっかそうしたものがあるために、ものごとを見る目が曇らされ、正しい判断ができなくなります。

私たちは情報の足し算ばかりしていますが、それが垢のようにこびりついてしまい、心が清浄でいられなくなります。濁った目や汚れた心では、ものごとの真実や本質は見えてきません。これだけ情報過多の時代には、足し算ではなく、むしろ引き算をしてみてはいかがでしょうか。私たちが生きていくうえで本当に必要な情報や知識は、案外少ないものです。

われわれ禅宗では行いませんが、仏教に限らず、さまざまな宗教では修行の一環として断食を行うところがあります。人間が生きていくうえで最大の欲である食欲を一時的に断つことで、心身の鍛錬をすることが目的です。比叡山《ひえいざん》で千日回峰行《せんにちかいほうぎょう》という厳しい修行をした人と何度か対談しましたが、修行の途中で断食をすると、三日目まではつらいそうですが、四日目を過ぎるとすっきりしてきて意欲が湧き、かえってものごとが新鮮に見えてくるそうです。

宗派によっては一般の方々を対象にした断食道場のようなものを開いていますが、そういう道場では食事を断つだけでなく、パソコンやスマートフォンなどの持ち込みを禁止しているところもあります。いわば情報の断食です。それによって四、五日、情報を断ったところで、直後の生活に支障を来したという話を聞きません。それだけ私たちが普段手に入れている情報は、なければないで済まされる程度のものだということかもしれません。

外界から遮断されることで、かえってものごとが新鮮に見えてくるという体験を私自身もしたことがあります。われわれ禅宗の僧侶には「臘八大接心《ろうはつおおぜっしん》」と呼ばれる修行があります。これは、毎年一二月一日から八日の朝までぶっ続けで行われる修行です。

その八日間は文字通り、禅堂にこもり、不眠不休で、横になることさえできません。食事はしますが、それ以外のときはひたすら坐禅を組み、師家《しけ》の講義を聞くだけです。その間、口をきくことは一切できず、行動はすべてカチンと叩く鐸《たく》と、チーンとなる鉦《かね》の音に従って行わなければなりません。

いまは温暖化のせいでそれほどではありませんが、私が若いころの冬の京都は肌を突き刺すような寒さで、すべて開け放たれた禅堂の窓から粉雪が舞い込むこともありました。そんな寒さの中で、八日間ひたすら坐禅を続けるのです。

一番つらいのは、やはり三日目あたりです。肉体的にも、精神的にも、ぎりぎりの状態に追い込まれます。それをなんとか耐えることができるのは、一緒に修行をしている仲間がいるからです。それでも四日目を過ぎたあたりからつらさといったものは消え、不思議なことに体も心もすべて解き放たれる感覚になってきます。

臘八大接心が終わって禅堂から出てきたときのことは、いまも鮮烈に覚えています。周囲を見回してみると、それまで当たり前のように見ていたものが、まったく違ったものとして見えてきたのです。まるで初めて見るように、すべてが光り輝き、新鮮そのものでした。

そのときに、「ああ、これがお釈迦さまがいわれた『山川草木悉有仏性』なのだ」と、腹の底から理解できました。山川草木、すなわちすべてのものに仏が宿っているという真実を体感できた瞬間でした。

一週間くらい、テレビやパソコンやスマートフォンのスイッチを切って、情報の断食をしてみてはいかがでしょうか。ものごとが新鮮に感じられ、本当に大切なことが見えてくるかもしれません。

第二章 体験こそが真実に到達するための道

禅の世界では、体験が何より重要です。いくら本を読んでも、真贋を見極める目は身につきません。

ものごとの本質や真実を見抜く目を持つためには、経験を積まなくてはなりません。美術品にしろ、人物にしろ、それが本物か偽物かを見極めるためには、やはり自分で多くのものを見て、たくさんの人に会い、そこから学ばなくてはなりません。

いくら本を読んだり、人から話を聞いたりして、読みかじり、聞きかじりの知識をため込んでも、真贋を見極める目は身につきません。体験がものをいう世界なのです。体験や経験を積み重ねることで、だんだんとものごとを「目利き」する力が身についていきます。

禅の世界では、この体験が何よりも重要視されます。そのため、そのことを強調する禅語や言葉がたくさんあります。

そのひとつが、「自悟自解《じごじげ》」です。これは「自ら悟り、自ら解《わか》らしめる」という意味で、体験や経験を通して自ら悟り、自ら理解することが何よりも大切だということを表わしています。

「冷暖自知《れいだんじち》」という禅語も、よく知られています。たとえば目の前の茶碗に、一杯のお茶が入っているとします。そのお茶が温かいのか、冷たいのか、それを眺めているだけではわかりません。どうすれば、それを知ることができるか。自分の手で直に茶碗を触ったり、中に入ったお茶を飲んだりすればいいのです。

当たり前のことではないかと思われるかもしれませんが、そう簡単なことではありません。私たちは自分で確かめる前に、つい人に聞いてしまいます。それで「冷たい」といわれれば、そうかと思い、「温かい」といわれれば、そう思い込んでしまいます。

しかし、冷たい、温かいというのは、それをいっている人の感覚でしかありません。冷たいといわれて飲んでみたら、思いのほか温かかったり、温かいといわれて飲んでみたら、意外と冷めていたりするかもしれません。冷たいのか、温かいのかは、自分自身で体験しない限りわかりません。

それが、冷暖自知です。この冷暖自知という体験によって得られたものが、その人にとって本当の意味での「教養」や「見識」となります。

人からいわれた冷たい、温かいというのは、ただの情報や知識でしかありません。そうしたものが無意味、無価値だとはいいませんが、いくら耳学問を積み重ねたところで、そこで得られたものは単なる借りものであり、本当にその人を生きさせる血肉となるものではありません。

もうひとつ、体験の大切さを説いた禅語に、「門より入るものは、これ家珍《かちん》にあらず」というものがあります。禅の公案集として知られる『無門関《むもんかん》』の序文に登場する言葉ですが、「家珍」とは家の宝ものという意味です。つまり、門から入ってきたものは、家の宝にはならないということです。

門から入ってきたものとは、誰かに聞いたり、本で読んだりして得た情報や知識のことです。そういったものは本当の宝ものにはなりません。本当の宝ものとは、自分で体験して会得したものです。

メディアの発達によって、居ながらにして門から簡単に情報が入ってくる時代だからこそ、体験を重んじることが大切だと思います。現代人にとって一番欠けているのが、この体験ではないでしょうか。

禅の世界では自らの体験によって得られたものを何よりも大切にするといいましたが、その体験は人に強いられたり、自分にはその気もないのに周囲に合わせて仕方なくやったりするというものであっては意味がありません。それは、あくまでも「主体的」であることが求められます。そうであってこそ、その体験は文字通り、自分の体験となるのです。

「主人公」という言葉を、誰しも聞いたことがあると思います。この主人公という言葉は、もともと禅の世界から来たものです。

中国の唐の時代に、瑞巌《ずいがん》禅師という人がいました。この禅師は、普通の禅僧のように寺の中で坐禅をするのではなく、外に出て石の上で坐禅することを常としていた人としても知られています。先ほど紹介した『無門関』に、瑞巌禅師に関するこんな話が載っています。

瑞巌禅師は毎日、自分に「主人公」と呼びかけ、自分で「はい」と応えていました。そして、次のように自問自答していました。

「おい、主人公。はっきりと目を醒ましているか」

「はい」

「おい、主人公。この先も人にだまされるなよ」

「はい、はい」

ここでいわれている主人公とは、ドラマや物語の主人公のことではなく、一人の人格として主体的に生きる自己のことです。その意味では、前にも取り上げた「無位の真人」といってもいいし、「本来の面目」といってもいい。つまり瑞巌禅師は毎日、自分に向かって「本来の自分として主体的に生きているか」と呼びかけ、「真実の自己として生きることで、人にだまされたりすることがないようにしなさい」と、自分を戒めているのです。

とかく、私たちは目先の利害や自分の都合でものごとを眺めたり、人の言葉に惑わされて右往左往したり、その場の雰囲気に流されたりして、本来の面目を失いがちです。それでは主人公として生きることができないし、主人公として体験するものでなければ本当の体験にはなりえません。

瑞巌禅師にならって、ときどき自分に向かって呼びかけてみてはどうでしょうか。「おい、主人公。主体的に生きているか」、と。

主体的に体験することの大切さを、臨済禅師も『臨済録』の中で次のような言葉で説いています。

「随処《ずいしょ》に主と作《な》れば、立処皆真《りっしょみなしん》なり」

これは禅語として有名な言葉ですが、「随処」とは、いたるところ、どこでも、「立処」とは、いま立っているところという意味です。つまり、「どんな場所や場面においても、主人公として主体性を持って生きれば、いまいるところ、いま経験していることがすべて真実となる」ということです。

常に主人公として生きる、主体的に体験するということは、たしかに簡単なことではありません。そのためには自分というものをしっかり保っていないといけませんし、ものごとを判断するための軸をしっかり持っていなければなりません。そうしたものがなければ、つい人の言葉に惑わされたり、世間の常識や空気に流されたりしてしまいます。

禅を難しく考える必要はありません。日常すべてが体験なのです。

私のような禅宗の僧侶が「体験」というと、それを何か特別なもののように考えてしまう人がいます。むしろ、そう思う人のほうが多いかもしれません。たとえば禅堂にこもり、何日間も坐禅を組むとか、托鉢《たくはつ》僧の姿をして、日本中を行脚して回るとか、そうしたことを想像されがちです。

たしかに臘八大接心のように、一日中、集中的に坐禅を組むことがあります。また若い雲水《うんすい》時代には、遠くまで行脚することもあります。だからといって、そうしたものは体験の一部にすぎません。

それよりももっと大事なことは、日常のすべてが体験だということです。「行住坐《ぎょうじゅうざ》臥《が》」という言葉があります。これは人間の日常生活のうえでの基本的な行動、すなわち歩いたり、立ち止まったり、座ったり、寝たりすることですが、そうした日常の行いこそが大切だと仏教では説いています。

もっとわかりやすい言葉でいえば、「日常茶飯事《にちじょうさはんじ》」ということです。日常で当たり前のこととして行っている、お茶を飲んだり、ごはんを食べたり、寝たり起きたり、仕事をしたりすることが、禅でいうところの体験の中身そのものです。何も特別なものではありません。

ただし、それをのんべんだらりとやっていてはダメです。日々の暮らしの中で当たり前のことを繰り返し、繰り返し、ひとつずつ丁寧にこなしていく必要があります。そうした体験を積み重ねることで、ものごとの真実や本質が見えてきます。すると、何を見ても、すぐにピンとくるようになります。

以前、テレビなどにもよく登場するという脳科学者の方と対談する機会がありました。その方が、「禅とはどのようなものですか？」と聞いてきたので、私はこう答えました。

「禅とは体験の宗教です。あなたが、いまここに、こうして座っている、それ自体が禅です」

「そんなものですか？」

「何も難しく考えることはありませんよ。禅というと、みなさん特別なもののように考えるようですが、特別なことは何もありません。実に平凡な日常のことです」

そういうと、ちょっと拍子抜けしたような顔をして帰っていかれました。

しかし、禅でいうところの体験とはそういうものなのです。一人の生活者としてどのように身を処していくか、その実践の積み重ねこそが体験であり、それを禅では至上のものと考えます。たとえば、江戸時代中期に臨済宗の禅僧として活躍した盤珪永琢《ばんけいようたく》禅師は、人は生まれながら不生不滅《ふしょうふめつ》の仏心《ぶっしん》を持ち、行住坐臥そのままが坐禅であるという「不生禅《ふしょう》」を唱えました。

このような日常の体験によって、不思議とその人間が磨かれていきます。観念の中ではなく、実際の行動や実践を通して自分自身の精神を磨いていくことを中国の明代に活躍した思想家の王陽明《おうようめい》は「事上磨錬《じじょうまれん》」と呼び、学問をするうえでの基本的な態度としました。もちろん、事上磨錬は学問のみならず、真贋を見抜く目を身につけるためにも必要なことです。

日常茶飯事を大切にすることが禅の極意だということを象徴する言葉に、「一掃除、二信心」があります。

仏教に限らず、宗教の道に生きる人にとっては、神仏への帰依を表わす「信心」を何よりも大事なものと考えるのが普通でしょう。そのためにお勤めをしたり、聖書やお経を読んだりします。しかし、禅宗ではそうした信心よりも、掃除をすることがまず第一だと教えています。

中国の元の時代に活躍した禅僧に、中峰明本《ちゆうほうみようほん》という人がいます。その禅師が座右の銘としたのが、「常に苕箒《じようしゆう》を携えて、堂舎《どうしや》の塵《ちり》を掃《はら》え」という言葉です。苕箒とはハタキやホウキのこと、堂舎は自分自身の精神、そして塵は煩悩のたとえです。つまり、いつ、いかなるときでもハタキやホウキを持って煩悩をはらい、心を清浄に保ちなさいという意味です。

掃除というのは、単に部屋や家の周りがきれいになるというだけではありません。自分の身の回りがきれいになることによって、自分の心まで清らかになってくるのです。

心が清らかになると、おのずと精神や心も整ってきます。その整った心でものごとを見ることができれば、真実や本質を見抜くことができるし、正しい判断を下せるようになります。あるいは、心が整えば霊性が高まり、芸術作品や自然の景観を見ても、それまで以上に感動を覚えるようになります。それが、掃除のありがたいところです。

その掃除も、人任せにしてはいけません。いまは一般家庭でも掃除を代行してくれる業者を利用する人が少なくないようですし、勝手に掃除をしてくれるロボット掃除機のようなものもあります。体が不自由な方は致し方ないとして、できればそうしたものに頼らずに、自分の手で掃除をしていただければと思います。自分の体を使って掃除をすることに意味があります。

以前、九州のほうにある高校を講演で訪れたことがあるのですが、そこの校長先生がぜひとも校是にしたいということで、「一掃除、二信心」と書いて差し上げたことがあります。何でも、その高校では朝、登校したら、まず最初にトイレ掃除をすることを日課にしているといいます。私の教育方針は間違っていなかったと、校長先生は確信したそうです。

その学校の生徒さんたちは、誰もが嫌がる掃除、しかもトイレ掃除を自分たちの手で進んで実践することで心の垢を洗い流し、いつも清浄な気持ちで授業に臨んでいるのでしょう。若いうちからそうした習慣を身につけることは、とても大事なことだと思います。

日本人の食品廃棄量は世界一。日々、どれだけ感謝して食べているでしょうか。

掃除と並んで日常的に行うことといえば、食事です。禅宗では、この食べることを「喫飯《きっぱん》」といい、極めて大切な修行のひとつととらえています。そのため、食べものの内容から、料理の仕方、食べ方、器の扱い方、片づけに至るまで、実に細かい作法が定められています。

修行中の雲水たちはその作法に則って食事をするわけですが、ただ形だけが整っていればいいというわけではありません。やはり、その根底には感謝の心がなくては意味がありません。そのことを端的に表わしているのが、食事の前に必ず唱える「食事五観《ごかん》文《もん》」（「五観の偈《げ》」とも呼ばれます）です。

ひとつには功《こう》の多少を計り、彼の来処を量る。

二つには己が徳行《とくぎょう》の全欠と計って供に応ず。
三つには瞋《しん》を防ぎ過貪等《とがとんとう》を離るるを宗とす。
四つには正に良薬を事とするは形枯《ぎょうこ》を療ぜんが為なり。
五つには道業を成ぜんが為に当《まさ》に此の食を受くべし。

大意をいえば、この食事ができ上がってくるまでにどれほどの手間がかかったのかを考え、自分がこの食事の供養を受けるのに値するだけの行いをできているのかどうか顧み、怒りや過ちや貪りから離れることを根本とし、食事という良薬をいただくのは身体を養うためで、仏の道を成就するためにこの食事をいただきますということになります。ここにあるのは、日々の食事に対する根源的な感謝の気持ちです。

ご参考までに申し上げれば、禅寺で修行中の雲水のために食事を用意するのが「典《てん》座《ぞ》」と呼ばれる役僧です。典座は食材の準備に始まり、献立を考え、料理の段取りを考え、それを作り、給仕し、料理に関することの一切を差配する重要な役目です。

日本の曹洞宗の開祖でいらっしゃる道元禅師は『典座教訓』という書物を書かれ、食事が修行にとっていかに大切か、また、それをつかさどる典座という役割がいかに重要かを説いています。

仏教では不殺生が基本中の基本ですから、たとえ野菜の葉っぱ一枚といえどもおろそかにしません。また、一度に食べ切れない素材などをいかに次の料理に使い回すかなども典座の知恵や腕次第ということになります。ですから、典座の寮頭には古参の、修行を長くおさめた僧でなければ就くことができません。その寮頭のもとで、典座役に振り分けられた雲水たちは四苦八苦します。

しかし、それがすべてその人の体験となっていきます。初めはマッチの擦り方もわからなかった掛搭《かた》したばかりの新到《しんとう》の雲水でも、やがて釜でごはんを炊けるようになってきます。それと同時に、ごはんを作るという実践や体験を通して自分自身が磨かれていきます。この事上磨錬が、ものごとに対する気づきや感性といったものを生みます。それによって、食べる側の修行僧のことがわかってくるのです。

日々の体験を通して己を磨いていく、日常茶飯事を大切にする禅の世界を象徴しているのが典座だといえるでしょう。

禅寺での食事について、私には忘れられない記憶があります。それはリース・グレーニングさんというドイツ人女性に関するものです。

グレーニングさんは鈴木大拙の著書『An Introduction to Zen Buddhism』を読んで禅に関心を持ち、一九五七年に来日しました。五〇代後半になられていたと思います。今年（二〇一九年）六月に亡くなられた哲学者の上田閑照《しずてる》先生などの仲立ちがあり、私の師匠でもある相国寺の大津櫪堂老師のもとで参禅《さんぜん》修行に励みました。私も一緒に坐禅をしたことがあります。

そのグレーニングさんに、「禅を修行して、何が一番印象に残りましたか」とたずねてみました。すると彼女は、「食事です」と即座に答えられました。

「食事のときに受けた新鮮な印象、驚きを忘れることができません。質素であることが私には喜ばしかったのですが、それよりも何よりも、黙々と給仕される僧たちのきびきびとした端正な所作、また実に合理的な作法に接して、世界中のどんな食事からも得られない清潔感や充足感があることに感動しました」

僧堂で食べるものといえば、ごはん、たくあん、お茶というような簡素なものです。それを器の持ち方から箸の上げ下げ、音を立てずに食べる食べ方まで、細かい作法に則って食べます。最後は、お茶の残りとたくあんの一切れで使った器を洗います。

おそらく彼女はそれまでの人生で、これほど作法に則って食事をしたことがなかったと思います。しかし、それを自ら体験したことで、食べることの本質に触れることができたのだと思います。「いままで生きてきて、こんなにも深い味わいのある食事をしたことはありませんでした」と、最後は涙をこぼしながら話してくれました。

翻って、私たち日本人のいまの食事はどうでしょうか。いったいどれほどの人が一枚の葉っぱを無駄にしないように心を込めてごはんを作り、感謝とともにいただいているでしょうか。

食事の準備に時間をかけるのがバカバカしい、適当にあり合わせのものを買ってきて、さっさと済ませたほうがいいと思っている人が多いのではないでしょうか。食べるときもテレビやスマートフォンを見ながらおざなりな食べ方をして、食べ残しはそのままゴミ箱へ。

そうかと思えば、食べることについての話題といえば、どこそこのレストランがおいしいとか、三つ星のお店に行ったとか、そういう話ばかりで、どんな気持ちで日々の食事に臨んだらいいのか、どう作り、どう食べることが感謝につながるのかという肝心の話は出てきません。まさに、飽食の時代です。

いま、世界では八億二一〇〇万人が飢えに苦しんでいるといいます。その一方で、日本の一人当たりの食品廃棄量は世界一といわれ、まだ食べられるのに捨てられる食べものは年間六〇〇万トンを超えるそうです。

私が住職をしている相国寺の塔頭《たっちゅう》のひとつ、大光明寺《だいこうみょう》でお手伝いをされている方の子どもがコンビニエンスストアに勤めていますが、時間が来ると、まったく腐っていないものでもすべて廃棄処分にしなければならないといいます。本人は忸怩《じくじ》たる思いがあるそうですが、お店の本部のほうからそういう指示が来るので、仕方なくお客様の目につかないようにして捨てているそうです。

人間が生きていくうえでもっとも大切にしなければならない食事や食べものに関してですら、このような状況です。グレーニングさんが僧堂での食事に感じたことを、いまの日本人にこそ感じてほしいと思います。

ことさらに何かをしない、取り立てて何かをしない。「平常心」でいれば道はひらける。

禅では何よりも体験や実践を重んじるといっても、その体験は特別なものではありません。食べたり、飲んだり、起きたり、寝たりといった、人間が暮らしていくうえで当たり前のような日常茶飯事が、禅でいうところの体験や実践の中身です。

だからこそ、特別なことをしているなどという気持ちになってはいけません。それを特別なものだと思ってしまうと、ことさらに何かをする、取り立てて何かをするというように、そこに要らぬ計らいや作為が生じてしまいます。禅では、この作為や計らいを退けます。あるがまま、そのままという気持ちでものごとに向き合い、日々の行いに丁寧に、一生懸命に取り組むことをよしとします。

「別無工夫　放下便是」という禅語があります。「別に工夫《くふう》なし、放下《ほうげ》すれば便《すなわ》ち是《ぜ》なり」と読み下します。

これは禅語を集めた『禅林類聚《ぜんりんるいじゅう》』という書物に出てくる言葉で、ここでいわれている「工夫」とは、私たちが普段使っている意味ではなく、ことさらに何かをする、取り立てて何かをするということです。放下とは、執着心を捨てることです。つまり、この禅語は、特別なことは何もしなくてよい、執着心を捨てて自然体でいればおのずと道はひらけるという意味です。

この禅語に関して、室町幕府を開いた足利尊氏の弟、足利直義《ただよし》と、天龍寺の開山である夢窓疎石《むそうそせき》国師との問答をまとめた『夢中問答集《むちゆう》』の中に、次のようなやりとりが記されています。

直義は禅宗への帰依が篤《あつ》い人物でしたが、「私は戦《いくさ》ばかりしていて、禅の修行ができません」と夢窓国師に相談すると、国師は「別無工夫　放下便是」の言葉を引き、「その人が置かれたその場、その場が禅の修行の場である。ことさらに禅の修行をするなどと考えてはいけない」と答えたといいます。

おそらく直義は、「放下すれば便ち是なり」のほうにとらわれ、ことさらに禅の修行をしようと思ったのでしょう。しかし、この禅語で大事なのは、むしろ「別に工夫なし」のほうです。そこを見落としていることを見抜いた夢窓国師は、どんな境遇や環境に置かれても、その場その場で一生懸命やる以外になく、それこそが禅の修行だといいたかったのだと思います。

なお、この禅語に関しては、私自身にも苦い経験があります。一九七五年にフグにあたって亡くなられた八代目坂東三津五郎《ばんどうみつごろう》さんから、「別無工夫」の揮毫《きごう》を頼まれていたのですが、自分で満足のいく字が書けずにグズグズしているうちに、三津五郎さんが急逝されました。

私は悔やみました。満足のいく字を書こうなどと、要らぬ工夫をしてしまいました。出来がどうであろうが、素直に書いて、すぐにお届けすればよかったのです。「別無工夫」を工夫して書こうとしたのですから、この言葉が持つ真実の意味を理解していなかったということになります。その件があって以来、「別無工夫」は自らの愚行を反省するための私の座右の銘になりました。

ことさらに何かをしない、取り立てて何かをしない、計らいや作為の心を捨ててものごとに素直に向き合い、すみやかに実践することの大切さを説いた言葉が『臨済録』に登場します。

「無事是れ貴人《きにん》、但《ただ》、造作《ぞうさ》すること莫《なか》れ、祇《ただ》是れ平常《びょうじょう》なり」

無事とは、何も変わったことが起こらなくてホッとするという意味ではなく、ことさらに何かをしない、取り立てて何かをしないという意味です。そういう人こそが貴《とうと》いのだから、ああだ、こうだと計らいごとなどしてはいけない、ただあるがままでいなさいということです。

簡単なようでいて、いざ実践するとなると難しいことです。私たちはつい特別なことをしようと身構えてしまいます。得になるようなことはないかと外に向かって何かを求めたり、人にいいように見られたいと思い、ついつい自分らしくもないことをしてしまったりします。なかなか平常心ではいられません。

さらに『臨済録』では、その次節で、「仏法は用功《ゆうこう》の処《ところ》無し。祇、是れ平常無事、屙《あ》屎送尿《しそうにょう》、著衣喫飯《じゃくえきっぱん》、困《こん》し来たれば即ち臥《が》す」といっています。仏法というものは計らいを加えることなど何ひとつない。仏法の究極は、ただ平常そのままでいることであり、大便や小便をしたり、衣服を着たり、ごはんを食べたり、疲れたら寝るだけだといっています。

同じような意味の言葉として、中国の南宋時代の禅僧、無門慧開《むもんえかい》によって編まれた公案集の『無門関』に出てくるのが、「平常心是道《びょうじょうしんこれどう》」という言葉です。

中国の唐時代末期に活躍した趙州《じょうしゅう》禅師が幼少のころに出家し、南泉普願《なんせんふがん》禅師に弟子入りしました。あるとき、趙州禅師は師匠である南泉禅師に、「道とはどのようなものでしょうか」とたずねます。すると、南泉禅師は「平常心是道」と答えました。つまり、道とは普段のありのままの心だというのです。

「では、その境地を目指して修行をすればいいのですか？」

「何かを目標にすると、道を外れるぞ」

「もし、何かを目標にしないとしたら、どうやってそれが道だとわかるのですか？」

「道は、目指すとか、目指さないとか、そういうものではない。計らいの心を捨てさえすれば、それが道なのだ」

その言葉を聞いて、趙州禅師は大悟したといいます。さらに四〇年にわたって南泉禅師のもとで修行を続け、南泉が亡くなったのは趙州禅師が五七歳のときでした。

趙州禅師がすごいのは、そこから先です。すでに当時一流の禅僧として名を馳せていたにもかかわらず、なんと六〇歳になってから、諸国行脚の旅に出たのです。これが、「趙州の六〇歳行脚」として知られている行動です。その旅立ちにあたって、趙州禅師は有名な言葉を残しています。

「たとえ七歳の童子であっても、私よりすぐれている者には教えを乞おう。たとえ一〇〇歳の老翁であっても、私より劣っている者には教えてやろう」

こうして六〇歳で行脚の旅に出た趙州禅師は諸国を訪ね歩き、臨済義玄、百丈懐海《ひやくじようえかい》、黄檗希運《おうばくきうん》、潙山霊祐《いさんれいゆう》などの名だたる高僧に会って、自らの境地を深めるのです。さらに驚くべきことに、八〇歳で故郷に戻った趙州禅師は、それからさらに四〇年間にわたって故郷の人々に教えを垂れたといいます。

故郷の貧乏寺での趙州禅師の生活は、質素そのもの。椅子の足が折れても自分で薪を縄で結んで修理して使い、どんなに困窮していても民衆に寄進などは求めなかったといいます。趙州禅師が一二〇歳で遷化《せんげ》されたとき、中国全土から数万人の人々が弔問に集まり、禅師の死を嘆き悲しむ声は広野を震わせたといいます。

一大事とは、今日いまこの瞬間の心のこと。日常茶飯事の中にこそ禅の真実がある。

いま、目の前にあるものごとにどう取り組むか、それこそが禅でいうところの体験です。それは当然のことですが、一日一日、一瞬一瞬をおろそかにせずに生きることでもあります。

そのことの大切さを説いた人に、江戸時代の臨済宗の僧侶で、信州の飯山に結んだ正受庵《しょうじゅあん》でひたすら仏道精進の日々を送った正受老人（道鏡慧端《どうきょうえたん》）がいます。その正受老人が在郷の村人を相手に語ったといわれているのが、「一日暮《いちにちぐ》らし」という教えです。正受老人は、こういっています。

一日は千年、万年の始めであり、その始めの一日をよく暮らすようにすることが、一生をよく暮らすことにつながる。ところが人間というものは、とかく翌日のことを考え、その日のことをついおろそかにしがちになる。明日やればいいと思うかもしれないが、その明日があるかどうかは誰にもわからない。それほど人の命ははかないものだからこそ、今日という一日を精一杯努めるべきだ。

どんなにつらいことでも、今日一日だと思えば耐えられるし、どんな楽しみでも、今日一日のことだと思えばそれに溺れることもない。一日、一日と思って暮らせば退屈するなどということはないし、一日、一日を一生懸命生きれば、百年でも、千年でも充実して暮らすことができる……。

そして最後に、正受老人はこう結んでいます。

「一大事と申すは、今日只今《こんにちただいま》の心也《なり》。それをおろそかにして翌日あることなし。総《すべ》ての人に、遠き事を思ひて謀《はか》ることあれども、的面の今を失うに心づかず」

私たちはえてして、普段ではありえないこと、滅多に起きないことを一大事だと思いがちですが、そうではなくて、一大事とは今日の、いまこの瞬間の心だといいます。それは、いま目の前にあるものごと、日常の当たり前のことこそが一大事だということです。

それをおろそかにしていては、明日などありません。私たちは将来のことを、ああでもない、こうでもないと考えがちですが、一瞬一瞬のいまを失っていることに気づかないでいます。大事なのは、いま、この瞬間を大切にして、やるべきことをしっかりとやりきることです。

この正受老人は何とも興味が尽きない傑僧で、あの白隠禅師が師匠と仰いだほどです。白隠禅師が若いころ、越後高田にある寺で坐禅三昧《ざんまい》の日を送っていたときのある明け方、遠くの寺の鐘を聞き、大悟したといいます。「俺は悟った」と有頂天《うちょうてん》になっている白隠禅師のことを危ぶみ、同じ寺で修行をしていた正受老人の弟子が、正受庵を訪ねることをすすめました。

意気揚々《いきようよう》とやって来た白隠を見て、正受老人はすぐにその慢心を見抜き、山門から登ってきた白隠を蹴落としたそうです。あるいは鼻をつねるやら、廊下から突き落とすやら、かなり厳しく白隠を指導しました。それでも、正受老人に本物の禅者としての姿を見た白隠は、老人のもとで修行を続けたそうです。やはり、本物は本物を知るということでしょうか。

ごくごくありふれた日常茶飯事の中にこそ本当の真実があるということを教えてくれる禅語に、「喫茶去《きっさこ》」があります。よくお茶席などで、この字が書かれた軸が掛かっていることがあります。かなりポピュラーな禅語のひとつといって差し支えないでしょう。

この喫茶去というのは、先ほども紹介した趙州禅師の故事にちなむ言葉です。ちなみに、この「去」は去るという意味ではなく、行くという意味です。ですから、喫茶去とは「お茶を飲みに行きましょう」という意味になります。

あるとき、禅師のもとへ一人の若い修行僧がやって来ました。禅師が、「あなたは、以前もここへ来たことがありますか?」とたずねると、「いいえ、初めてです」と、その僧が答えました。すると禅師は、「喫茶去」といいます。

また別の日、別の修行僧が訪ねてきました。禅師は、「あなたは、以前もここへ来たことがありますか?」と同じようにたずねると、その僧は、「はい、一度来たことがあります」と答えました。すると禅師は、「そうか。では、喫茶去」。

その様子を見ていた寺住まいの僧が、「どうして和尚は、誰が来ても、同じように喫茶去としかいわないのですか？」とたずねました。すると禅師は、その僧に向かってひとこと、「喫茶去」と答えたそうです。

何となくのどかな話のように思われるかもしれませんが、ここには言外に深い意味が隠されています。趙州禅師は、ただ「お茶を飲もう」といったのではありません。おそらく、禅師と修行僧の間には厳しくて難解な問答が繰り返されたに違いありません。その挙句の「喫茶去」です。「口先だけの質疑応答は、もうやめようではないか。そんな時間があったら、お茶でも飲んだほうがましだ」というのが、禅師のいいたかったことではないでしょうか。

つまり、禅に関してどれほど議論を尽くしたところで、一服の茶を喫するという行為には及ばないということです。お茶を飲むという、いってみれば何の変哲もないいつもの行為、まさに日常茶飯事の中にこそ禅の真実があり、それを実践することが大事だということを趙州禅師はいっています。

脳科学者との対談にからめてお話ししたように、禅は何ら特別なものではありません。趙州禅師の喫茶去のように、お茶を飲むということが、そのまま真実や本質を会得するための修行ということになります。そうした日常の行為や行動をおろそかにして、いくら坐禅を組んだり、書物を読んだりしても、それは観念の遊戯に終わってしまいます。

もうひとつ、「看脚下《かんきやつか》」という言葉も、ぜひ肝に銘じてほしい禅語です。

この言葉は、よく禅寺の入り口などに掲げられていますが、表面的には「足元に注意しなさい」という意味です。とはいえ、転んだり、つまずいたりしないように気をつけなさいというだけではなく、履きものを揃えて脱ぐようにという注意です（「脚下《きやつか》照顧《しようこ》」という言葉も同じ意味です）。

しかし、それはあくまでも表面的な意味であって、その真意は、自分の履きものを揃えることが自分の心を整えることになるというところにあります。これもまた、履きものを脱いだり、履いたりするというごくありふれた日常の行為の中にこそ、禅の真髄があるということを教えてくれる言葉です。

この「看脚下」という言葉は、中国宋代きっての名僧といわれ、有名な禅の公案集の『碧巌録《へきがんろく》』の著者でもある圜悟《えんご》克勤《こくごん》が述べたものとされています。

圜悟禅師の師匠は法演《ほうえん》禅師という人ですが、彼には仏鑑《ぶつかん》、仏眼《ぶつげん》、仏果《ぶつか》（圜悟克勤）という、世間で「三仏」と呼ばれている優秀な三人の弟子がいました。ある夜、法演禅師がこの三人を連れて歩いているときに突然、手にしていた火が消え、あたりが真っ暗になってしまいました。

そのとき、法演禅師はすぐに三人の弟子に向かって、「一転語《いちてんご》を示せ」といいました。一転語（「いってんご」とも読む）とは、進退きわまったときや、迷いの中にあるときに、心機一転をもたらしたり、悟りを開かせたりする語句です。法演禅師は、「この真っ暗闇の中で、お前たちの悟りの境地を述べてみなさい」といったのです。

仏鑑は「彩鳳《さいほう》、丹霄《たんしょう》に舞う（きらびやかな鳳凰が真っ赤な空に舞っている）」と応え、仏眼は「鉄蛇、古路に横たわる（鉄でできた蛇が荒れ果てた道に横たわっている）」と応えました。いかにも優秀な、才気《さいき》煥発《かんぱつ》といえるような文学的な見解です。それに対して仏果は、ただひとこと「看脚下（足元を見よ）」とだけ応えました。

弟子たちの一転語を聞いた法演禅師は、「わが宗を滅す者は、すなわち克勤のみ」といいました。つまり私の教えの本質を滅ぼすものは、圜悟だけだといったのです。おやっと思うかもしれませんが、これは逆説です。禅では、師の教えを鵜呑みにするようではダメなのです。師を超えなくてはなりません。その意味で、法演禅師は逆説的ないい方で、圜悟をほめたのです。

もし、夜道で手にしていた明かりが消えたら、何を一番気にしなければいけないかといえば足元です。何かにつまずいて転んだら、ケガをしてしまいます。そこで抽象的なことを考えたり、文学的な美辞麗句を並べたりしても意味がありません。足元に気をつけるという、ごく当たり前のことこそが大事なのです。

足元（脚下）とは、つまり、いま、ここの目の前にあることです。それをおろそかにしていては、本質や真実に近づくことはできません。日常茶飯事にしっかり取り組むことにこそ、禅の真髄はあるのです。

第三章　茶の湯に学ぶ禅の本質

「仏法も茶の湯の中にあり」。茶の湯の精進と禅の修行は同じことです。

私が茶の湯に親しむようになってから、すでに半世紀以上が過ぎました。初めて茶の湯に触れたのは、私がまだ相国寺の修行道場で雲水をしていたころのことです。あるとき師匠である大津櫪堂老師から、「慈照寺《じしょうじ》（銀閣）で茶会がある。ついてきなさい」といわれてお供をしたのが最初です。それまで坐禅と公案に明け暮れる日々で、とても茶の湯に関心を持つ時間も余裕もありませんでした。

その日の茶会は、銀閣の創建者である室町幕府第八代将軍、足利義政公への献茶を目的としたもので、献茶をされたのは先々代の表千家《おもてせんけ》、千宗左（即中斎）家元でした。

一〇〇人を超えるお客様やお弟子さんたちが身じろぎもせずに家元のお点前《てまえ》を見つめる中、初めての経験で極度に緊張しながら、私も末席に加えていただきました。宗左家元は、そうした場の緊張感も意に介さない様子で、淡々とお茶をたてられました。その流れるような所作に、私はただただ感心していました。

櫪堂老師のお供をして何度かお茶会に参加するうちに、老師が「この人に頼んでおいたから、お茶を習いなさい」といって引き合わされたのが、当の宗左家元でした。とはいえ、家元から直にお茶を習うことができるわけもなく、家元に推薦していただいたしかるべき先生に師事して、みっちりと茶の湯について習いました。

茶の湯に親しめば親しむほど、その奥深さに、私はどんどん惹かれていきました。

「茶禅一味《ちゃぜんいちみ》」という言葉がありますが、まさに茶の湯と禅は一体のものだと感じます。わび茶の創始者とされている村田珠光《じゅこう》は、参禅した大徳寺の一休宗純《いっきゅうそうじゅん》禅師から印可《いんか》の証として圜悟克勤《えんごこくごん》の墨跡《ぼくせき》を与えられましたが、そのときに一休禅師は「仏法も茶の湯の中にあり」という言葉を贈り、そのひとことで珠光はわび茶の奥義《おうぎ》を悟ったといわれています。まさに、茶の湯と禅の深い関係を物語る話です。

そのわび茶を大成したのは、誰もがご存じの千利休《せんのりきゅう》ですが、利休が確立した茶法を伝える書（作者は筑前黒田藩家老、立花実山《じつざん》か？）として知られている『南方録《なんぽうろく》』の中で、利休はこう語っています。

「小座敷の茶の湯は、第一仏法を以《もっ》て修行得道《とくどう》する事なり。家居《いえい》の結構、食事の珍味を楽《たのしみ》とするは俗世の事なり。家はもらぬほど、食事は飢《うえ》ぬほどにてたる事なり。これ仏の教《おしえ》、茶の湯の本意なり。水を運び、薪《たきぎ》を取り、湯をわかし、茶をたてて、仏にそなへ、人にもほどこし、吾ものむ。花をたて香をたく。みなみな仏祖の行ひのあとを学ぶなり……」

ここでもやはり茶禅一味、茶の湯と仏教の関わりが強調されています。仏の教えに従って修行し、悟りを得ることが茶の湯の根本であり、まずは仏に供えるべきものであること、花を生けたり、香をたくのも、すべて仏教の開祖や高僧たちの修行のあとを学ぶためにするものであると述べています。仏道（禅）の修行と茶の湯を精進することは、同じことなのです。

また、足利義政公が村田珠光の評判を聞きつけ、彼を呼び出して茶の湯の奥義をたずねたところ、珠光は「茶は一味清浄禅悦法喜《いちみしょうじょうぜんえつほっき》」と答えたといいます。一杯の茶を飲むことが精神を清浄にし、禅の悟りを得ることと同じような喜びがあるということです。ここにも茶の湯と禅、茶の湯と仏の教えの深い関係性をうかがい知ることができます。

私が茶の湯に親しむことはある意味、相国寺に籍を置くものとして必然だと感じています。さらに、自分が茶の湯の筋に連なるものの一人だという思いがあります。茶の湯を習い始めてわかったことですが、私の先祖である有馬則頼《のりより》は豊臣秀吉のお伽衆《とぎしゅう》（将軍や大名の側近に侍して相手をする職名）の一人で、利休居士《こじ》の弟子でもあったそうです。

秀吉は天正一一年（一五八三年）以来、九度も有馬温泉を訪れていますが、そこで関白となった天正一三年と、天下統一を果たした天正一八年に大きな茶会を催しています。有馬温泉は有馬則頼の領地であり、その大茶会に則頼は利休とともに陪席したと伝えられています。

やや、こじつけがましい話ではありますが、そんなこともあり、自分が茶の湯を楽しむだけでなく、少しでも茶の湯の文化が続いていくようお手伝いできればと思っている次第です。

体裁にとらわれない。変な趣向を凝らさない。茶の湯に学ぶ本当の「おもてなし」とは？

茶の湯と聞くと、作法に則った特別なもの、限られた人たちだけがたしなむものと思われがちですが、そんなことはありません。もっと多くの人に、自由に茶の湯に親しんでいただきたいと私は常々、思っています。「お茶はどのようにいただけばいいのですか？」と、よく聞かれますが、そのたびに「口を開けば飲めますよ」と答えています。

茶の湯を難しいものだと考える必要はありません。趙州禅師がいみじくもいったように「喫茶去」、「さあ、お茶を飲みに行きましょう」ということでいいのです。大阪の人たちにならえば、「茶、しばきにいかへんか」でいいのです。

ある人が、利休に茶の湯の極意をたずねました。そのとき利休は、こう答えたとされています。

「夏はいかにも涼しきやうに、冬はいかにもあたたかなるやうに、炭は湯のわくやうに、茶は服のよきやうに、これにて秘事はすみ候由《そうろうよし》」

何のことはありません。夏は涼しく、冬は暖かくなるように、飲みやすいように茶をたてて、心をこめてもてなせというのです。たずねた人は拍子抜けしてしまいます。

「そんなことは誰でも知っていることではありませんか？」

「では、その誰でも知っているようにやってみてください。私が客としてうかがって、もし本当にそれができていたら、私はあなたの弟子になりましょう」

利休という人の人となりや茶の湯の極意、さらにはそれを超えて、ものごとの本質を伝えるいい話です。これに「花は野にあるやうに」「刻限は早めに」「降らずとも傘の用意」「相客に心せよ」の四項目を加えたものが、茶の湯の世界で「利休七則」と呼ばれているものです。

どれもみな、難しいことではありません。人をもてなすということでいえば、ごくごく基本的なことです。それは丁寧な暮らしをいとなむうえでの基本的なことともいえます。茶の湯は日常生活そのもの、まさに日常茶飯事のひとつなのです。日常を離れて、あるいは生活を離れて、茶の湯はありえません。

ところがどうしたものか、このごろの茶の湯は難しいものになっているような気がしてなりません。特別なもの、高尚なものと思われ、限られた人たちだけに許されるものとして、生活から離れてしまっています。そのことが残念でなりません。

二〇二〇年の東京オリンピック・パラリンピックの招致活動で、「おもてなし」という言葉が一躍、脚光を浴びましたが、日本人のもてなしの原点は茶の湯にあるといっても、あながち間違いではないでしょう。

俗に『利休道歌《どうか》』、または『利休百首』と呼ばれ、利休の教えをわかりやすく、覚えやすいように和歌の形にしたものがありますが、その一首にこんな歌があります。

茶はさびて心はあつくもてなせよ　道具はいつも有合《ありあわせ》にせよ

茶は華美なものであってはいけない。しかし、たとえ質素な茶であっても、客をもてなすときは誠心誠意、心をこめてもてなしなさい。無理をして高い道具を買い求めたりする必要はありませんということです。この一首の歌の心を表わす次のような逸話があります。

あるとき宇治の茶師《ちゃし》（茶葉の選定や調合を行う職人）である上林竹庵《かんばやしちくあん》から茶に招かれた利休は、数人の門弟とともに竹庵の家を訪れました。利休がわざわざ訪ねてきてくれたことに感激した竹庵は、さっそく自ら茶をたててもてなそうとしたのですが、天下一の茶の湯の宗匠を前にして緊張するあまり、手が震え、茶杓《ちゃしゃく》を落とすやら、茶筅《ちゃせん》を倒すやら、ひどい点前を披露することになってしまいました。その醜態を見て、利休の門弟たちは腹の中で物笑いの種にしました。

ところが茶席が終わった後で利休は、「きょうのご主人のお点前は、天下一であった」とほめたのです。帰り道、門弟たちは、「どうしてあのように無様な点前が天下一なのですか？」と、利休にたずねました。すると利休は、「竹庵は、我々に点前を見せようとして招いたのではない。ただ一服の茶を飲んでもらおうとして招いてくれたのだ。だから、お湯が冷めないうちにと思って、失敗も顧みないで一生懸命に茶をたてたのだ。

その心持ちに感心したから、天下一とほめたのだ」と答えました。

茶の湯の真髄や、人をもてなすとはどういうことなのかを考えさせられるエピソードです。

あつき心でもてなすとは、その瞬間瞬間、一日一日を大切にするということです。何もことさらに構える必要はなく、取り立てて何かをすることもない。「別に工夫なし」の日常茶飯事に、一期一会《いちごいちえ》の気持ちで臨むことです。

一期一会とは、江戸幕末の大老として知られ、大茶人でもあった井伊直弼《いいなおすけ》の言葉として有名ですが、文字通りの意味は「一生涯の間に一度きり会う」ということです。ですが、ここでの眼目は、たとえ同じ人と何度も会うとしても、常に一生に一度という心持ちで臨みなさいということです。そうすれば、おのずとあつき心でもてなすことになります。

とはいえ、それは口でいうほど簡単なことではありません。私たちはややもすると見てくれや体裁にとらわれるあまり、つい特別なことをしてしまったり、変な趣向を凝らしたりしてしまいます。その一方で、肝心の心のほうをおろそかにしがちです。毎日、毎日の日常茶飯事の繰り返しの中で、一期一会の精神を忘れてしまっています。

しかし考えてみれば、私たちの暮らしは日常茶飯事の繰り返しの中にしかありません。特別なことなど、そうそう起こるものではありません。だからこそ、きょう一日を大切に過ごすしかないのです。かの正受《しょうじゅ》老人の「一大事というのは、今日只今の心である」という気持ちで生きなくてはなりません。

利休の孫にあたる千宗旦《そうたん》が晩年、隠居するにあたって屋敷を建て、そこに茶室を造りました。その席開きのときに、大徳寺の清巌宗渭《せいがんそうい》老師を招いたのですが、何かの都合で老師が遅くなり、待てど暮らせど現われません。出かける用事があった宗旦は、「明日、来てください」と書き置きを残し、出かけてしまいました。

遅れてやって来た清巌老師は、その書き置きを見て、「懈怠《けたい》の比丘《びく》、明日を期せず」と書いて帰ります。自分は怠け者の坊主だから、明日来るかどうか期待しないでくださいという意味です。

出先から帰った宗旦は、それを見て、反省します。そこで、「今日今日といひてその日をくらしぬる　あすのいのちは兎にも角にも」という一首を清巌老師に献じ、深くわびたということです。そのときの宗旦に欠けていたのは、まさに今日只今の心だったのです。その反省を忘れないように、宗旦はその茶室に「今日庵《こんにちあん》」という名前をつけたといわれています。

これはまさに禅や茶の湯の精神に通じるものです。禅とは、何も難しいものや特別なものではなく、日常茶飯事の中に深い宗教性や精神性を見出すことです。一見すると平凡なこと、取るに足らないことの中にこそ、真実があります。体験や実践を通してそこに気づくことが禅であり、その精神と一体となったものが茶の湯なのです。

日本の伝統文化を学ぶには茶の湯ほどふさわしいものはありません。

禅と同様に、茶の湯にも行きつくところがありません。やればやるほど、その奥深さや懐の深さに引き込まれてしまいます。総合芸術という言葉がありますが、茶の湯もまた日本文化のさまざまな要素を取り込んだ総合芸術だといえます。

逆の見方をすれば、茶の湯が日本文化の最良のものを大切に保存し、伝えてきたともいえます。茶の湯があったからこそ、いま私たちが日本の伝統文化として世界に誇ることができるさまざまなものや事象が残されてきたといっても過言ではありません。

たとえば器ひとつとってみても、そこには日本の美意識の反映があります。漆器は英語で「ジャパン」というそうですが、文字通り、日本では縄文時代というはるか太古から使われてきた固有のものです。大切に扱えば、何百年たっても変わらない耐久性を持っています。そうした漆の特性を活かし、日本人は茶道具の中にもたくさん取り入れてきました。日本では桃山時代あたりから一般の暮らしでは陶磁器が多く使われるようになりましたが、漆器を残してきたのが茶の湯の世界です。

また陶磁器に関しても、中国や朝鮮半島で焼かれた陶磁器の名品、優品をいまでも数多く残しているのは日本だといわれています。それもやはり、茶の湯で大切に取り扱ってきたからです。陶磁器は割れものですから、欠けたり、ひびが入ったりして当然ですが、それを無傷のままで何百年も伝えてきたことも驚きなら、割れても簡単に捨てるのではなく、それを継いだり、繕ったりして、傷すらも新たな「景色」として愛で、使い続けてきたことも驚きです。それは日本人の美意識の高さを物語っています。

利休の茶の湯について聞き書きした『南方録』には、道具について次のような意味のことが記されています。

わび茶で用いる道具は、何ごとによらず完璧でないもののほうがよい。ちょっとした傷でも嫌がる人がいるが、何とも納得がいかないことです。最近焼かれた茶碗などで、割れたり、ひびが入ったりしているものは使えませんが、唐物《からもの》茶入れなどのように由緒ある道具は、漆継ぎをしてでも大切に使ってきたのです。

器だけではありません。茶の湯には、日本の伝統文化の粋が集められています。数寄《すき》屋《や》造りといえば日本の伝統建築を代表するものですが、もともと茶室風の様式を取り入れた建築のことです。茶室に付随し、腰掛け、灯籠《とうろう》、蹲踞《つくばい》、飛び石などを配置した庭のことを茶庭《ちゃてい》、古くは露地《ろじ》（路地）といいましたが、これもまた日本の庭園様式を象徴するひとつです。

そこにも単なる見映えや趣向を超えた、深い精神性のようなものがあります。同じ『南方録』には、こんな利休道歌が掲げられています。

露地は只うき世の外の道なるに　心の塵を何ちらすらん

ここでは露地は単なる庭ではなく、俗世間や浮世と離れた世界への扉としてとらえられています。だからこそ、利休は「露地に水うつ事、大凡《おおよそ》に心得べからず」（露地に水を打つことをおろそかに心得るべきではありません）といい、水の打ち方まで丁寧に説明しています。

いまやユネスコの無形文化遺産にも登録されている和食ですが、そのルーツとなる日本料理においても茶の湯は重要な役割を果たしています。

懐石《かいせき》料理と聞くと、京都あたりの高級料亭で出される料理と思われがちですが、本来は茶の湯の席の食事で、お茶をおいしく服すための料理です。しかも、高級素材や珍味を使い、むやみに凝ったり、ひねりを加えたりしたごちそうではありません。もっと日常的なものです。

小座敷の料理は、汁ひとつ、さい二つか、三つか、酒もかろくすべし。わび座敷の料理だて不相応なり。勿論取合のこく、うすきことは茶の湯同前の心得なり。

これは『南方録』で利休が茶席の料理について述べたものです。小座敷で出す懐石料理は一汁二菜か、一汁三菜でよく、いかにも手をかけているといったもったいぶった料理はふさわしくないといっています。もちろん、その場と人によって、料理の取り合わせが重くなったり、軽くなったりするのは、茶の湯と同じだというのです。あくまでも日常的な一汁三菜で、亭主が心をこめて客をもてなすのが、本来の茶の湯の懐石料理です。

このほかにも、書画、工芸、生け花、行儀作法など、茶の湯には日本文化のエッセンスが凝集されています。ですから、茶の湯に親しむことによって得られるものは計り知れません。日本文化の本質を学びたい、ものごとの真贋を見極める目を持ちたいというのであれば、茶の湯ほどふさわしい練習の舞台はないと思います。

茶の湯の道具の中でもっとも大切な掛物。なかでも墨跡は第一のものです。

茶の湯ではもてなしの心を第一とすべきことはもちろんですが、道具もまた茶の湯の楽しみのひとつです。茶碗、釜、水指《みずさし》、柄杓《ひしやく》、茶入《ちゃいれ》、茶杓《ちゃしゃく》、茶筅《ちゃせん》、茶巾《ちゃきん》、台子《だいす》、香合《こうごう》、花入《はないれ》、掛物《かけもの》など、いわゆる茶道具を数え上げればキリがありませんが、道具はそれ自体で十分に美しいだけでなく、それらが茶室の中に置かれ、組み合わされることで、さらに美しさを発揮します。

どれもみな茶の湯にとっては大事なものです。茶の湯の道具について、利休は『南方録』の中で「小座敷の道具は、よろづ事たらぬがよし」と語っています。

さらに掛物については、次のように述べています。掛物とは、床の間などに掛けるいわゆる掛け軸のことですが、茶の湯では茶掛《ちゃがけ》とも呼ばれます。

掛物ほど第一の道具はなし。客、亭主共に茶の湯三昧の一心得道《とくどう》の物なり。

茶の湯の道具では、掛物ほど大切なものはなく、客も亭主も心ひとつに茶の湯に心酔し、悟りを開くためのものだといいます。掛物には大きく分けて、字を中心としたものと、絵を中心としたものがありますが、利休は字、これをとくに墨跡《ぼくせき》といいますが、この墨跡が第一だといいます。先ほどの『南方録』の続きで、こういっています。

墨跡を第一とす。その文句の心をうやまひ、筆者、道人《どうじん》、祖師《そし》の徳を賞翫《しょうがん》するなり。俗筆《ぞくひつ》の物はかくる事なきなり。（中略）仏語、祖語と、筆者の徳と、かね用《もちう》るを第一とし、重宝の一軸なり。また筆者は大徳といふにはあらねども、仏語、祖語を用《もちい》てかくるを第二とす。

掛物の中でも墨跡を第一とし、そこに書かれた言葉の心を敬い、書いた人、仏道修行をする人、仏教の祖師方の徳を賞するようにする。しかし、俗人の書いたものは掛けるべきではない。祖師方の言葉と、書いた筆者の徳の両方が兼ね備わった墨跡が一番重要なものだ。また筆者はそれほど高い徳をそなえた人物でなくても、祖師方の言葉が書かれている墨跡を第二とする。

この利休の言葉は、そのまま墨跡の定義ともなっています。墨跡とは、まずはそれを書いた人が仏の教えや禅の悟りを会得した人でなくてはなりません。どんなに書かれた言葉が宗教的な内容であったり、名句であったりしても、仏道や禅道の修行で得られた徳をそなえていない人が書いたものは、墨跡とは呼びがたいものです。

たとえ禅宗の僧侶であろうとなかろうと、出家者であろうとなかろうと、それを書いた人間が真実の悟りを経験した人でなければ、それは墨跡とはいえません。また、その筆づかいが巧みであろうと、稚拙であろうと、それも関係ありません。利休のいう「俗筆の物はかくる事なきなり」という言葉は、そういう意味だと私は思っています。

ですから、逆に僧侶や出家者以外の方が書かれたものであっても、その人が真実に悟りを得た人物なら、それは立派な墨跡です。たとえば哲学者の西田幾多郎《きたろう》さんや久松真一さんの書などは、ひとつの道を究めた人の全人格が見事に表われているような実に立派な字で、人を惹きつけて離さない魅力があります。もっとも両先生とも、禅や茶の湯の理解ということでは一方ならぬものがあったことは衆目の知るところです。

墨跡を茶掛として最初に用いたのは、諸説あるようですが、わび茶の祖とされる奈良の僧侶、村田珠光《じゅこう》だとされています。珠光が大徳寺の一休禅師に師事し、師から印可《いんか》の証（悟りの証明）として与えられた、中国・宋時代の高僧、圜悟克勤《えんごこくごん》の墨跡を床の間に掛けて茶を喫したというのがはじまりとされています。

その圜悟克勤の墨跡は日本に二点現存し、国宝と重要文化財になっています。それをご覧になる機会があればわかると思いますが、当時の墨跡は、いま私たちが掛け軸として一般的に見るものとは違い、一種の文章のようなものが書かれています。それは、師匠が弟子に与えた法語とか、弟子が巣立っていくときに贈った送別の辞とか、あるいは自分の所感や遺偈《ゆいげ》（亡くなる前の言葉）などであったりします。つまり、もともとは掛物として床の間に掛けられることを想定して書いたものではありません。

それが中世以降、茶の湯をする人が次第に増えてくると、茶の湯の大成者である利休が墨跡を道具の第一としたことも手伝い、墨跡の絶対数が足りなくなります。そこで利休とゆかりが深い大徳寺の僧などが、しきりに墨跡を書くようになり、その内容も祖師方が残した有名な禅語であるとか、あるいは漢詩の一節であるとか、そうしたものが増えてきて、いま私たちが見かけるような一行書のような形式が定着しました。

そうなると墨跡に書かれた内容（それ自体はすでに知られています）よりも、ますますその書き手が誰であるか、その人間がどのような悟りの境地で書いたかということが重要になってきます。墨跡を見るということは、とりもなおさず、それを書いた人物を目の当たりにするということでもあるのです。

ところで、この墨跡ですが、名作、傑作の呼び声が高いものは、ほとんど日本にあります。書の本家ともいえる中国にもほとんど残されていません。書聖と称される王羲之《おうぎし》にしろ、彼に匹敵する顔真卿《がんしんけい》にしろ、中国にあるのは石に刻んだ碑文、あるいはそれを摺り出したものが主流です。直接、紙に書いたものはほとんど残っていません。

日本で墨跡が大切に保存されてきたのは、三筆《さんぴつ》（空海、嵯峨天皇、橘逸勢《たちばなのはやなり》）や三蹟《さんせき》（小野道風《おののみちかぜ》、藤原佐理《ふじわらのすけまさ》、藤原行成《ふじわらのゆきなり》）などの書を平安時代から高く評価してきた伝統はもちろんのこと、やはり茶の湯で墨跡を珍重してきたということが大きいと思います。もし茶の湯がなければ、これほど多く日本に墨跡が残されていたかわかりません。

書の真贋を見抜くためには、名品を見たり、書の手習いをするべきです。

書は人なり、という言葉があります。書いた文字に、その人の人格なり、到達した境地なりが表われるということです。すばらしい書は、見るものの魂を揺さぶるものがあります。たとえ書いた人が誰かわからなくても、それが人の魂を鷲づかみにするような書であれば、それはきっとすばらしい人物が書いたものに違いないと思うのです。

また、書のよしあしは書き慣れているかどうかにも大きく左右されると思います。子どものうちからしっかりと手習いをした人と、そうでない人では、やはり書く字が違います。書き慣れている人、手習いをしっかりした人の字には、妙な気負いや衒《てら》いがなく、素直な字なのです。字の成り立ちもわかっているので、形に間違いがありません。

たとえば元号が令和になりましたが、令の字を書くときにかさの左を長く書く人がいますが、あれは間違いです。右の流れが長くなくてはいけません。左を長く書く人は、きちんと手習いをした人ではありません。見る人が見れば、すぐにわかります。

私事で恐縮ですが、私は三歳のときから書の手習いをさせられました。かつての大名家に生まれた男子にとっては、独立自尊の精神を養うという意味でも琴棋書画《きんきしよが》は必須のことでした。さらに九州の日田《ひた》市にある岳林寺《がくりんじ》で小僧をしていたときにも、小学校と旧制中学に書道のすばらしい先生がいて、その先生にいわゆる文房四宝《ぶんぼうしほう》の扱い方を含め、書の基本をしっかり教えてもらいました。

いまも揮毫《きごう》を頼まれることが多く、ほとんど毎日、字を書かない日はないほどです。多い日には五〇枚という日もあります。しかし、そのくらいの枚数でも朝のうちに済ませてしまいます。そのうえで、誤字脱字がない限り、すべて完成品としています。

そもそも書というのは、一瞬勝負の芸術です。油絵のように上から書き直すことはできないため、一回で決めなくてはいけません。そこには一期一会のような精神性が必要となります。その意味でも、書は芸術の中でも特別なものだと思います。

墨跡に限らず、書を鑑賞するときには、それが本物の人物が書いた本物の書であるのかどうかを判断する目を養うことが大切です。署名や落款《らっかん》や印があるから、これは本物だろうというのは間違いのもとです。そのためには、まず名作や名品と呼ばれているものを自分の目でたくさん見ることです。それによって、自分自身に確固たる自信を培っていくことが大切です。それが、その人間の見識や教養となっていきます。

自分に自信がなければ、大勢に従うしかなく、結果的に署名や落款にだまされてしまうことにもなりかねません。できれば、書の手習いや勉強もするにこしたことはありません。

もちろん自信をつけるといっても、それが自信過剰になって、独断と偏見にとらわれるようではいけません。素直に他人の意見に耳を傾けるという謙虚な姿勢が求められます。自分ではこれは本物だ、あるいは偽物だと思い込んでいることが、往々にして間違っていることがあります。決して独りよがりにならないように注意すべきです。

その意味で、たとえば墨跡を鑑賞するのであれば、やはりその内容についても関心を払うべきです。書字のすばらしさを味わうためには、筆者のことを知ることに加え、そこに書かれている内容がわかれば、感動がより一層、深まるだけでなく、鑑識眼も身にそなわってきます。そのためには、やはり勉強です。何の努力もせずに本質を見極めたり、真贋を見抜いたりする目を持つことはできません。


墨跡についてはまだまだ話は尽きないのですが、最後にひとつ、それを茶の湯の道具の第一とした利休自身の墨跡についてお話ししましょう。

相国寺の塔頭である鹿苑寺《ろくおんじ》（金閣）に、利休が書いたとされる「孤舟載月《こしゅうさいげつ》」という一行書が伝来しています。研究者の中には、これを利休の真筆《しんぴつ》だと認めない方もいらっしゃいます。利休の一行書など存在しないといいます。しかし、私はこの一行書は、まぎれもなく利休自身が書いたものだと信じています。そこには、利休という人間の潔さ、自らに由《よ》って立つ気概、ほとばしるような生命力といったものが歴然と表出しています。

この書を見た日本を代表する美術史家の亡き源豊宗《みなもととよむね》氏もまた、「この一行書は利休以外には書けないものです」といわれました。禅に深く帰依した人物でなくてはものすることができない、剛毅《ごうき》な筆力があるといいます。現在、正木美術館が所蔵し、生前、唯一とされている利休の肖像画には、禅の師匠である大徳寺の古溪宗陳《こけいそうちん》が寄せた賛《さん》が入っていますが、そこには利休は「三十年飽参《ほうさん》の徒なり」と書いてあります。利休は三〇年間、私について参禅修行したという意味です。

事実、利休は熱心に禅に取り組みました。だからこそ、このような剛毅な一行書を書くことができたのです。しかも、この一行書の花押《かおう》は珍しい亀判となっています。仮にこの一行書が誰かが書いた偽物だったとしたら、利休が花押としてもっとも多く用いたケラ判にしたと思います。

利休が愛した井戸茶碗に反映された「本来無一物」という禅の精神。

茶の湯をされない方でも、お茶の道具と聞いて真っ先に思い浮かべるのは茶碗ではないでしょうか。私自身も茶碗には尽きせぬ興味があります。名品の誉れ高い由緒ある古いものだけでなく、対馬《つしま》・対州窯《たいしゅう》の小林東五さんのような現代作家の手になる茶碗にも惹かれるものがあります。

この茶碗で、ぜひ一服の茶をたてたいと思うようなものに出逢えたときなど、この上ない幸せを感じます。やはり茶碗は使ってこそのものだと思います。

しかし、世の中にはコレクターといいますか、名物茶碗を数多く収集することに心血を注ぐ人もいます。そのために大枚をはたくことに躊躇《ちゅうちょ》しません。批判するつもりは毛頭ありませんが、では、そういう方が本当に茶の湯を理解されているのかというと、そうともいいきれません。

利休もまた、茶碗は使ってこそのものだと思っていたのではないでしょうか。見て楽しむという要素もあったでしょうが、実際に茶をたてたときに、それを引き立てるような味わいのある茶碗をよしとしたと思います。『南方録』を見ても、茶碗そのものについて書かれたところはないのですが、茶碗に限らず、わび茶の道具としては完璧ではないものがよいといっています。

利休が愛用したとされている茶の湯の道具が残されていますが、それを見ても、お金に糸目をつけず、人と争ってまで手に入れたものはないようです（知り合いには、この茶碗は絶対手に入れなさいとすすめたりしているのですが）。どれもみな、奇を衒わぬ自然な道具ばかりです。

利休井戸と呼ばれる井戸茶碗を見ても、一見すると地味そのものといった印象を受けます。しかし、それがわび茶の精神そのものといった風情を有しています。利休が愛用した道具は、いかにもこれ見よがしな、自己主張の強い道具ではありません。使い込むほどに魅力や愛着が増していく、そんな道具ばかりです。そこには利休の人柄や美意識が見事に反映されています。

ご存じの方もいらっしゃると思いますが、利休はそれまでの茶の湯の定番であった唐《から》物《もの》茶碗に代えて、高麗《こうらい》茶碗を積極的に使うようになったとされています。そうした高麗茶碗の中でも利休がもっとも愛用し、生涯にわたって持ち続けたのが利休井戸です。

利休井戸は、いわゆる名物《めいぶつ》手《で》井戸（大井戸）と呼ばれる高麗茶碗に比べると、一見すると、見劣りがします。高台《こうだい》、かいらぎ、見込みなどの茶碗の見どころや色を見ても、一般によしとされている特徴が弱い。すなわち、名物としては不完全なのです。しかし、それこそが利休がわび茶に求めたものを雄弁に物語っています。それは大らかさや、何よりも自由であったと思います。

計算されつくしたかのような、まったくスキのない唐物茶碗や、これが銘品でございというような、いかにもウケを狙ったような名物手井戸には、計らいや作為といったものがあります。それが見方によっては、窮屈なものを感じさせます。それに対して利休井戸のような高麗茶碗には、無造作や無意識だからこそ生まれるたくらまざる美、気負いや衒いがない素直な心持ちが生み出したような自由な大らかさといったものがあります。

おそらくそれは、物心ついたころからろくろを回し続けてきた名もなき陶工が、傑作や銘品をつくろうなどとは露思わず、普段の作業として無意識につくった茶碗のひとつであったでしょう。そこに利休はわびを感じ、そうしたものを生涯にわたって愛したのだと思います。

利休が追い求めた、大らかで自由なわび茶の精神。それこそがまさに、禅の無一物の境地です。大徳寺の古渓宗陳に三〇年参禅した利休にとって、わび茶は「本来無一物《ほんらいむいちもつ》」という禅の精神を具現化するものであったと思います。

本来無一物とは禅宗の六祖（開祖である達磨《だるま》大師から数えて六番目の祖師）とされる慧能《えのう》禅師が詠んだ偈から採られた言葉ですが、「けがれも汚れも、とらわれもこだわりも何もない、からりと晴れ渡った自由で清浄無垢な世界」のことです。だからといって、それはただの空っぽな世界ではありません。まったく一物もないということは、裏を返せば、どこまでいっても尽きせぬものがあるということです。すなわち、無尽蔵です。

無一物中無尽蔵。花有り、月有り、楼台《ろうだい》有り。

これは中国・北宋時代の政治家、文人として有名な蘇東坡《そとうば》（蘇軾《そしょく》）の詩の一節ですが、何もないということは、何でもあるということ。花があり、月があり、楼台がある。空っぽの世界に森羅万象がある。心の中にあるつまらぬものを捨て去って、本来無一物の境地になることで、豊かで尽きせぬ精神世界を手にすることができるということです。利休がわび茶に求めたものも、こうした境地ではなかったかと思います。

わび茶を大成した利休が敢然として切腹を受け入れた理由とは？

現在につながる茶の湯、わび茶を大成した千利休ですが、彼についてこれまでさまざまな人々が本に書いたり、映画に撮ったりしてきました。その中には利休についてよくとらえられているものもあれば、そうとは思えないものもあります。それだけとらえどころのない、破格の人物だったということかもしれません。

利休は、大永二年（一五二二年）に現在の大阪府堺市で生まれました。家は堺の納屋《なや》衆《しゅう》（後の会合衆《えごうしゅう》。納屋は倉庫のこと）で、塩魚などを扱う裕福な家だったようです。『南方録』によれば、幼名の田中与四郎を名乗っていた一七歳のころから茶の湯を好んで、堺にいた北向道陳《きたむきどうちん》という隠者について本格的に茶の湯を習い始めたといいます。さらに、道陳の紹介で武野紹鷗《たけのじょうおう》の弟子になり、道陳や紹鷗の指導や自らの研鑽《けんさん》によってわび茶を完成させていったようです。

後に大徳寺の大林宗套《だいりんそうとう》、笑嶺宗訢《しょうれいそうきん》、さらに古溪宗陳などの師について三〇年以上も参禅修行しました。参禅しての法名を宗易《そうえき》とし、抛筌斎《ほうせんさい》とも号しました。抛筌とは、筌(魚をすなどるためのウケのこと)を抛《なげう》つ(投げ捨てる)ということで、魚を捕ってしまえばもう魚を捕るための道具はいらないように、悟りを得たならば、その悟りすらも忘れてしまうという禅ならではの境地を表わしています。

その一方で、利休は織田信長、ついで豊臣秀吉の茶頭《ちゃどう》(茶堂。茶事をつかさどる茶の師匠)となり、今井宗久《そうきゅう》、津田宗及《そうぎゅう》とともに天下三宗匠と呼ばれるまでになりました。

宗易と名乗っていた利休が、利休を名乗るようになったのは天正一三年(一五八五年)のことで、晩年になってからです。関白となった秀吉が宮中で正親町《おおぎまち》天皇に献茶をすることになったのですが、そのときに利休(宗易)を後見役として参内《さんだい》させるために、古溪宗陳が「利休」という居士号を案出し、それを天皇から勅賜《ちょくし》されるという形をとったようです。

利休自身が望んだことではなかったと思いますが、信長や秀吉の茶頭であるということは、おのずと彼らに取り入ろうとする大名や武将が利休に近づくことになります。秀吉の弟として内外の政務や軍事面で重要な補佐役となった豊臣秀長《ひでなが》が、「公儀のことは秀長に、内々のことは宗易に」というほど、利休は政治的なことでも一目置かれるようになり、豊臣政権の中で存在感を増していきます。

そして結果的に、利休は秀吉によって切腹を命じられます。その理由についてはさまざまなことがいわれていますが、真偽のほどは定かではありません。表向きにいわれているのは、大徳寺の三門を造るにあたり、造営を担った利休が、その楼上に自分の木像を安置したことで、秀吉が三門を通過するときに利休の股の下をくぐらせるようにしたというものです。

つまり、天下人よりも自分が上に位することを暗示したということですが、利休にそんな考えがあったとは思われません。しかし、それが遠因となって秀吉に切腹を命じられることになりました。おそらく秀吉にとって、利休が獅子身中《しししんちゅう》の虫になったということでしょう。

天正一九年（一五九一年）、利休は京都の屋敷で切腹して果てました。有力大名の前田利家《としいえ》や古田織部《おりべ》、細川忠興《ただおき》らの茶の湯の弟子たちが助命に奔走しましたが、利休自身がそれを潔しとせず、敢然《かんぜん》として死を選びました。死後、利休の首は一条戻橋まで運ばれ、切腹を命じられる原因となったとされる大徳寺三門の木像と一緒にさらされたといいます。

利休が、なぜ切腹を粛々と受け入れたのかについて、私は私なりにひとつの考えを持っています。それは、秀吉が進めようとしていた朝鮮出兵に対する無言の抵抗ではなかったのかというものです。

その考えの端緒になったのは、利休が秀吉の前に信長に仕えるようになるまでに若干の空白期間があることです。このときに、利休は堺の商人として朝鮮半島に渡ったのではないかと、私は推測しています。それが当時の主流であった書院茶から草庵茶、すなわちわび茶へと利休が向かうことになる大きなきっかけのひとつになったと考えているのです。

私は、それを韓国に行ったときに確信しました。私が訪ねたのは、韓国中部にある聞《ムン》慶《ギヨン》市郊外の観音里《グアンウムリ》という韓国でもっとも歴史が長い窯場があるところでした。いまも伝統的な技法で陶工たちが陶磁器を制作していますが、ある陶工のお宅で昼食をごちそうになったときに、その家を見て私は驚いてしまいました。その造りが日本の茶室にあまりにも似ていたからです。

上がり口が茶室の躙口《にじりぐち》にそっくりで、窓が小さくて薄暗い雰囲気もまさに茶室そのものです。利休は、こうした家を実際に見たのではないか、そしてそれを待庵《たいあん》などの小間の茶室の造作に活かしたのではないか、そんなことを直感しました。

そう考えると、唐物一辺倒だった茶碗を遠ざけ、高麗茶碗をしきりに使うようになったというのもうなずけます。朝鮮半島の素朴な陶工たちが無心につくった茶碗に美を感じ、自分が目指すわび茶の世界にかなう道具だと思ったのではないでしょうか。

私の勝手な推測にすぎませんが、やはり利休は実際に朝鮮半島に渡ったのだと思います。そして、そこで見た陶工たちの仕事や生活ぶりに深く感動した。ですから、記録には残っていませんが、朝鮮半島に兵を進め、愛すべき山河や住民を蹂躙《じゅうりん》しようとしている秀吉に対して我慢ができなかったのではないでしょうか。

そうした無言の抵抗を貫くために、利休は秀吉からの切腹の命をそのまま受け入れたのだと思います。そこには茶の湯にかけた利休の覚悟がどれほどのものであったか、うかがい知ることができます。

「答えを出さないことが答え」。利休が伝えたかった茶の湯の本質。

利休が切腹の前日につくったとされている遺偈《ゆいげ》が、現在、茶の湯の宗家のひとつである表千家に伝わっています。

人生七十　力圍希《りきいき》　咄《とつ》　吾這宝剣《わがこのほうけん》　祖仏共殺《そぶつともにころす》
提《ひっさぐ》ル我得《わがえ》具足《ぐそく》の一太刀《ひとたち》　今此時《いまこのとき》ぞ天に抛《なげうつ》

人生ここに七〇年。うわーっ、このバカ者め。この宝剣で祖師も仏も共に断ち切ってやる。私は手に入れた一振りの太刀をひっさげて、いままさに我が身を天に抛《なげう》ってやる。

あえていまの言葉に訳せば、こんな意味になるでしょうが、禅僧も顔負けの辞世の句といえるでしょう。しかし、その一字一句の解釈にとらわれるよりも、死に臨んで利休があげたのがこの叫びだったということに思いを至さねばならないと思います。

利休にはもうひとつ、娘のお亀に贈ったとされる（現存するものはその写し）「お亀の文」という遺偈があります。「利休めはとかく果報のものぞかし、菅丞相《かんしょうじょう》になると思えば」という一種の狂歌のようなものを書きつけたもので、上書きに「お亀に思い置く利休」とあります。菅丞相とは、政争に敗れて太宰府に左遷され、その地で没した菅原《すがわらの》道真《みちざね》のことです。


さらに、この二つの遺偈の他に、私の生家である有馬家に代々伝わるものとして、利休の自筆とされる「半身達磨自問自答《はんしんだるまじもんじとう》」というものがあります。先にも書きましたが、有馬家の祖である有馬則頼は秀吉のお伽衆の一人だった人物で、利休の弟子だった人でもあります。

この半身達磨自問自答がどのようなものであるかというと、まず「半身達磨　休」と題名と署名があり、「絵ニかけル　ワレコソわれよ古《いにしえ》ノ　如何《いかなるかこれ》　是九年面壁《めんぺき》」と問いかけています。絵にも描かれている、達磨大師が九年も壁に面して坐禅したのは、いったい何のためだったのかという意味です。その真意は、達磨は何のためにインドから中国にやって来たのか、そこで伝えたかった禅の本質、真実とはいったい何であったのかということです。

その自問に対して、「自答」として、「返哥《へんか》とて 遊《ゆ》ふへき叓《こと》のあらハコソ 返哥せぬコソ返カ成介《なけ》れ」と答えています。つまり、いうべきことなどない、答えないことこそが答えだということです。

達磨の九年面壁とは、利休にとっては生涯にわたって追求してきた茶の湯のことです。その本質や真髄とはどのようなものかと、利休自身が自問しているのです。それに対して、自ら、「答えなどはない。否、答えを出さないということが答えなのだ」と答えています。

それは、茶の湯をわかった気になどなってはいけない、簡単に答えが出せるような問題ではないということでもあります。答えがあるとすれば、それは九年面壁にたとえられる茶の湯の実践の中にしかなく、それを永遠の課題として追求し続けるしかないということです。

それはとりもなおさず、利休から後世の私たちへの問いかけであり、「私は答えを出さない。それぞれが茶の湯とは何かという答えを自分なりに見つけなさい」という呼びかけでもあります。私は、この半身達磨自問自答こそが、利休の真実の遺言ではなかったのかと思っています。

第四章

真贋を決めるのは人間の見識

龍門石窟で文化財の流出を目の当たりにし、美術館建設の意義を再認識しました。

一九七七年の最初の訪問から数えて、私はこれまで八〇回以上も中国を訪れています。ずいぶん、あちこちと回りました。敦煌《とんこう》、トルファン、ウルムチなど、いわゆる西域《さいいき》と呼ばれる地域への巡礼にも何回も行っています。チベットのラサへも足を延ばしました。

また、荒廃した中国の禅寺を再興するためのお手伝いは、私のライフワークともなっています。これまでに、河北省石家荘《かほくせつかしょう》にある臨済宗の宗祖、臨済義玄禅師ゆかりの臨済院、浙江省杭州《せっこうこうしゅう》市にある径山萬寿寺《きんざんまんじゅ》、河南省開封《かなんかいふう》市の大相国寺《だいしょうこく》、臨済院と村ひとつ隔てたところにある趙州禅師ゆかりの柏林《はくりん》寺観音院などの再興に関わらせていただきました。

中国で初めて訪れた先は、河南省洛陽《らくよう》市の南郊にある龍門石窟《りゅうもんせっくつ》でした。北魏《ほくぎ》の孝文《こうぶん》帝が四九三年に洛陽に都を遷すとともに、その郊外の香山《こうざん》に造営を始めたのが龍門石窟です。現存する石窟は二三〇〇を超え、石像は一一万体あまり、仏塔は七〇本以上あるそうです。さらに仏像をつくる際に銘文を刻んだ石碑が三〇〇〇近くあり、その中でもとくに優れたものが「龍門二十品」と呼ばれ、書の名作として後世、もてはやされました。

私の目的もその石碑を見ることだったのですが、龍門二十品のうちの一九品があるもっとも古い古陽洞という石窟に入って驚いてしまいました。すぐ左側の壁がごっそりはぎ取られているのです。そこには「武人行列」のレリーフがあったということで、代わりに写真が置かれていました。説明書きによると、悪徳古美術商によってはぎ取られ、アメリカに売られたといいます（そのレリーフの実物を、後に私はボストン美術館で実際に見ました）。

そのころ私は、後に相国寺境内《けいだい》に建設することになる承天閣《じょうてんかく》美術館の準備に追われていました。レリーフがはぎ取られた壁を見て、これは他人事ではないと恐ろしくなりました。日本でも明治維新後の廃仏毀釈《はいぶつきしゃく》や第二次世界大戦の敗戦の混乱で、かなりの文化財や美術品がアメリカをはじめとする海外に流出してしまいました。

政変や紛争が絶えない国や地域に置いておくよりも、設備や管理が行き届いた美術館や博物館に収蔵し、多くの人々に見てもらったほうが、その美術品や文化財の保護になるし、人類共通の財産としての価値を高めることにもつながるという考え方もあるでしょうが、やはり本来は、それがあったところにあってこそ、価値を持つのだと思います。

しかし、美術品や文化財の流出や散逸は、終わったことではありません。いま国内に残されている文化財や美術品が、いつそうした憂き目にあうかわかりません。そうした事態を食い止めるためにも、私は美術館の建設を急がなくてはならないと心に決めました。

帰国した私は収蔵庫にこもり、そこに半ばホコリをかぶったまま眠っている多数の仏像、書画、経巻などのチェックに取りかかりました。その結果、国宝を含む重要文化財が一一五点あることがわかりました。本来はもっとあったはずなのですが、国内外を問わず、やはり流出したものがあります。

それでも、中国からの渡来僧、無《む》学祖《がくそ》元《げん》の『与長楽寺一翁偈語《ちょうらくじいっとうにあたうげご》』の墨跡（国宝）、長谷川等伯《とうはく》の『竹林猿猴図屏風《ちくりんえんこうずびょうぶ》』（重文）、伊藤若冲《じゃくちゅう》の『釈迦三尊像』などがあり、美術館としての展観に十分、堪えうる質と量でした。

流出や散失を防ぐためにも自前の美術館をつくりたいという構想を臨済宗相国寺派の主だった寺の住職の方々が集まった会議の席で最初に提案したのは、一九七五年のことでした。もちろん、すぐには賛同を得られませんでした。「資金はどうするのだ？」「臨済宗一四派のどこにもそんな前例はない」と、考えようによっては至極、真っ当な理由です。

しかし、私は食い下がりました。「ただの美術館ではありません。禅への理解を深め、禅の普及にもつながります」と訴えました。そのとき、会議の議長をされていた鹿苑寺（金閣）の村上慈海《じかい》住職が、「文化財の保護は寺の責務だ」と、ひとことおっしゃいました。

慈海老師こそ、一九五〇年七月に発生した金閣炎上事件で、国宝の舎利殿（金閣）、創建者である室町幕府三代将軍足利義満公の木像（当時、国宝）、観音菩薩像、阿弥陀如来像、仏教経巻など文化財六点が焼失した責を負い、その再建にあたって大変な苦労をされた方です。その老師の言葉を受けて、最後に私の師匠で、当時の相国寺の管長であった大津櫪堂《れきどう》老師が、「やってみなさい」とおっしゃってくださいました。

美術館建設の賛同を得たとはいえ、先立つものはお金です。建設資金に充てる寄付集めに奔走しましたが、思うように寄付金は集まりませんでした。万策尽きた私は、無礼を承知で重い病気で伏せていた慈海老師にお願いに参りました。

老師は病床から起き上がり、私の話を聞くと、奉加帳《ほうがちょう》にサッと記帳されました。何と、目標としていた資金の八割にあたる高額の数字でした。その奉加帳を持って慈照寺（銀閣）や主だった寺院を回ると、慈海老師がそういうことであればと応分の寄付をくださり、何とか見積もりを上回る資金を集めることができました。

構想から一〇年で完成した美術館を通じて、日本の文化の継承に貢献していきたい。

承天閣美術館ができたのは、一九八四年のことです。相国寺派の老師や住職のみなさんに構想を公にしてから、およそ一〇年かかりました。

「承天閣という名称は、相国寺の正式名称である「萬年山《まんねんざん》相国承天禅寺」から採らせていただきました。承天という言葉自体は、室町幕府第三代将軍、足利義満公が天皇におうかがいをたてたところ、一寺を建立しなさいという天意を承ったということに由来しています。そして、その落慶を誰よりも見ていただきたかった鹿苑寺の村上慈海住職は、完成の一年後に他界されました。

開館から三五年が経過しましたが、鹿苑寺や慈照寺などの塔頭寺院に伝来する美術品も合わせてお預かりし、国宝や重要文化財、重要美術品などの収蔵品も徐々に増えてきました。第一展示室には、鹿苑寺境内に建つ金森宗和《かなもりそうわ》の造作と伝えられる「夕佳亭《せつか》」を復元、第二展示室には伊藤若冲《じゃくちゅう》による水墨画の傑作『鹿苑寺大書院障壁画』（重文）の一部を移設しています。若冲に関する企画展を催したときなどは、どうなることかとこちらが心配するほど多くのみなさんに足を運んでいただいています。

美術館と呼ぶには規模が小さいのですが、観光客でごった返す京都の街中にありながら、禅寺の境内という静かな環境のもと、靴を脱いでゆっくりと作品を鑑賞できる数少ない美術館のひとつだと自負しています。

美術館をつくったということは、単に作品を展覧するということだけでなく、どんな美術品や文化財を収蔵しているかということを公にすることでもあります。万一、誰かによって持ち出され、美術品のマーケットに流れたとしても、「それは承天閣美術館の収蔵品ではないのか？」ということになり、そこから足がつく可能性が高くなります。それによって、流出や散逸を防ぐことができます。

知らないうちに誰かに持ち出されたというのではありませんが、実際に相国寺から流出したものもあります。雪舟《せっしゅう》の晩年の傑作に『破墨山水図《はぼくさんすいず》』（国宝）がありますが、この作品はかつて相国寺にあったものです。それが塔頭のひとつの慈照院に移り、明治初期の廃仏毀釈のあおりを受けて寺の運営が困難になったときに、現在の東京国立博物館に三五〇〇円（当時）で献納されました。そのお金は塔頭の復興に充てられたそうです。

もちろん、いかに窮乏しているとはいえ、それに抵抗がなかったわけではありません。そもそも雪舟は、相国寺で禅僧として修行した人間です。そのときの慈照院の住職をはじめとする二十数名が惜別の詩を詠んで、破墨山水図を送り出したといいます。その詩が残されています。

収蔵する美術品や文化財を修繕、補修することも美術館の役割のひとつです。開館以来、承天閣美術館でも毎年、三〇点ずつ、収蔵品の修繕を行い、ほとんど終了しました。それによって、貴重な作品をいい状態で後世に伝えていくことができます。その修繕の過程で新たに発見や復元できたのが、相国寺の蔵にあった狩野探幽《かのうたんゆう》らの手になる座屏《ざびょう》や、慈照寺東求堂《とうぐどう》の違い棚、鹿苑寺が所有していた朱衣《しゅい》達磨図に寄せられていた賛の揮毫をした人物の名前などです。

こうした修繕や補修によって、美術品や文化財を修繕する技術が専門業者や職人に受け継がれていくことにもなります。実際、修繕を依頼する業者のみなさんから、「こういう一級品を扱えるということは、ものすごく自分たちの勉強にもなる」と、お礼をいわれます。

美術館ひとつのことですが、それだけ多くの波及効果があります。利休の茶の湯が日本の伝統文化の継続に寄与したように、私たちも承天閣美術館の運営を通して世界に誇る日本の文化の継承に貢献していきたいと思っています。

室町水墨画の隆盛に寄与した相国寺の画僧、如拙、周文、雪舟。

相国寺と関係の深い画家、絵師といえば、日本の絵画史上の画期ともいえる室町水墨《すいぼく》画《が》の隆盛に多大な貢献をした如拙《じょせつ》、周文《しゅうぶん》、雪舟、そして江戸時代に活躍した伊藤若冲ということになります。

前三者は単なる画家というより、相国寺に籍を置いて絵を描く禅僧、すなわち画僧でした。彼らにとって絵を描くことは純粋な芸術行為というより、それがそのまま禅の修行の一環でもありました。村田珠光の茶の湯が、師匠である一休禅師から「仏教も茶の湯の中にあり」といわれ、茶禅一味の境地を追求したものであったように、あるいは利休のわび茶が、「仏法を以て修行得道する」ことであったように、彼らは画禅一味の境地を追求したのであり、修行得道のために画業に邁進《まいしん》したのです。

如拙は南北朝時代から室町時代中期にかけて活躍した画僧ですが、生没年などは不詳で、その生涯についてもよくわかっていません。相国寺のときの住持であった絶海中津《ぜっかいちゅうしん》が、『老子』の「大巧《たいこう》は拙なるが如し」という一節にちなんで、如拙と命名したとされています。優れて巧みな人は細工を弄しないから、一見すると拙《つたな》いもののように見えるという意味です。

如拙の真筆とされているのはわずかに三点のみで、妙心《みょうしん》寺塔頭の退蔵院《たいぞういん》が所蔵する『瓢鮎図《ひょうねんず》』（国宝）、建仁《けんにん》寺塔頭の両足院《りょうそくいん》の『三教図《さんきょうず》』（重文）、文化庁が所蔵する『王羲《おうぎ》之《し》書扇図《しょせんず》』（重文）です。

周文もまた生没年などは不詳ですが、室町時代中期の画僧です。相国寺で如拙に絵を学んだとされ、禅僧としては都管《つうかん》という役職で相国寺の庶務や会計を担当するとともに、画家として足利将軍家の御用絵師を務めました。雪舟などの優秀な弟子を育て、室町水墨画の確立に大きく貢献しました。

数々の山水画を残し、後に周文様式と呼ばれるスタイルを確立したのですが、実は周文の真筆とされる作品は一点もありません。代表作の『水色巒光図《すいしょくらんこうず》』（国宝）にしろ、『竹斎読書図《ちくさいどくしょず》』にしろ、すべて「伝周文」（周文が描いたと伝えられている）となっています。また水墨画だけでなく、仏師としても有名であったらしく、かつて京都の東山にあった雲居寺《うんご》の巨大な阿弥陀三尊像を完成させたといわれています。

室町時代どころか、日本の絵画史上、最大の画家の一人といっても差し支えないのが雪舟、雪舟等楊《とうよう》です。

一四二〇年に備中《びっちゅう》（現在の岡山県）に生まれた雪舟は、幼くして近くの宝福寺に預けられ、出家したと伝えられています。雪舟が絵ばかり描いていることに怒った住職が本堂の柱に縛りつけたところ、しくしく泣いていたのですが、床にたまった自分の涙を足の指につけ、それでネズミの絵を描くと、様子を見に来た住職が雪舟の足元にネズミがいると思い、「しっ、しっ」と追い払おうとしたそうです。それだけ本物のネズミに似ていたのでしょう。住職はその見事さに感心し、雪舟に絵を描くことを許したといいます。画才において、かなり早熟なものがあったようです。

雪舟は一六、七歳のころに相国寺で修行生活に入ります。春林周藤《しゅんりんしゅうとう》を禅の師匠とし、禅僧としての厳しい修行のかたわら、周文について画才に磨きをかけました。やがて春林の高弟として相国寺内で重きをなし、知客《しか》という役職に就きます。知客とは、寺にやって来る賓客《ひんきゃく》を接待する重要な役どころです。

四五歳のころ、雪舟は中国の元時代の名僧、楚石梵琦《そせきぼんき》の「雪舟」と書かれた墨跡を手に入れ、それに大変、感銘を受けました。雪舟が雪舟を名乗るようになったのは、これ以後のことです（それ以前は等楊）。

雪舟はその画業で次第に群を抜く存在となり、京でも屈指の画僧となります。そのまま相国寺にいれば、おそらく足利将軍家の御用絵師となったはずですが、雪舟の目は中国にありました（代わって御用絵師になったのが小栗宗湛《そうたん》です）。そのため京を後にし、周防《すおう》（現在の山口県）の守護大名、大内教弘《のりひろ》の庇護のもと、山口に雲谷庵《うんこくあん》という庵を結び、画業に励みました。雪舟が周防に移ったのは、当時、明との貿易に積極的だった大内氏のもとに身を置いておけば、中国に渡る機会を得られると考えたのではないかといわれています。

その希望がかない、雪舟が中国に渡ったのは一四六七年のこと。かの地の山河をめぐり、自然や風物を観察し、当時の中国画壇で名を成していた長有声《ちょうゆうせい》、李在《りざい》などから水墨画の技法を学んだとされています。さらに、現在の浙江省寧波《ねいは》市にある天童山景徳禅寺を訪れて禅の修行をし、そこで第一座の位を与えられ、禅僧としても高い評価を得ました。このことは雪舟にとっても名誉だったようで、晩年まで自作の落款に「四明天童第一座」と加えていました。

雪舟は、一四六九年に明から帰国しました。帰国後は精力的に諸国を行脚し、『秋冬山水図』『四季山水図（山水長巻）』『破墨山水図』『慧可断臂図《えかだんぴず》』『天橋立図《あまのはしだてず》』（いずれも国宝）など、次々と日本絵画史上に名高い傑作を描きました。

雪舟は一五〇六年に八七歳で亡くなりますが、それらの作品のほとんどは明から帰国後の晩年のもので、その旺盛な制作意欲や強靭な精神力、体力には頭が下がります。『天橋立図』を描いたのは八二歳のときで、実際に当地を訪れ、その景観を写したものと考証されています。承天閣美術館が所蔵する『毘沙門天図』（重文）も、雪舟の作品です。

実は、雪舟は自作に堂々と署名、落款をした日本で最初の画家といわれています。そこに一人の芸術家としての強烈な自意識のようなものを感じます。彼の作風は如拙や周文の系統を引きながら、そこに中国の宋や元の画家たちの影響を受け、さらには実際に明に渡り、かの地の画家に学んだものですが、そのどれにも収まらず、そのどれをも超えています。同じ水墨山水画でも、余白の使い方などに中国のそれにはないオリジナリティが感じられます。

　そもそも彼は明から帰国したときに、「大唐国裏、画師無し、画無しと道《い》はじ、只是師無し」と豪語したとされています。明から帰ってからの後半生は、まさにその言葉を自ら裏付け、日本ならではの水墨画を完成させるための覚悟の実践だったと思います。彼の作品が生命力に満ちあふれているのは、彼の悟りそのものが絵となって画面にほとばしり出ているからです。彼にとっての画業は、そのまま禅の求道だったのです。

『動植綵絵』に代表される超絶技巧。リアリズムの果てに広がる若冲ワールド。

ここ数年来の伊藤若冲のブームには目を瞠《みは》るものがあります。二〇一六年に生誕三〇〇年を記念して東京都美術館で開催された「若冲展」では、入場まで五時間待ちの日もあったとか。そこまでいきませんが、承天閣美術館でも若冲に関する展覧会を行うと、いつもの客足からは想像もつかないような多くの人がやって来ます。

円山応挙《まるやまおうきょ》や与謝蕪村《よさぶそん》という同時代の絵師（蕪村の場合は、俳人としても有名でしたが）に比べ、知名度ではやや劣る感のあった若冲ですが、一九七〇年代に美術史家の辻惟雄《のぶお》さんが「奇想」の画家として若冲を大々的に再評価して以降、若冲人気は長く続いています。

伊藤若冲は一七一六年（享保元年）、京都の台所として知られる高倉錦小路の青物問屋「枡屋《ますや》（通称「枡源《ますげん》」）」の長男として生まれました。二三歳で父が亡くなり、裕福な商家の旦那として家業を継ぐのですが、生来、商売や世事《せじ》にうとく、かといって放蕩《ほうとう》や芸事《げいごと》に身をやつすでもなく、酒も飲まず、妻もめとらず、四〇歳で早くも家督《かとく》を弟に譲って隠居し、ひたすら絵を描くことを唯一の楽しみとして、一八〇〇年（寛政一二年）に八五歳の生涯を閉じました。

なぜ、そうしたことがわかるのかといえば、彼が五一歳のときに建てた寿塔《じゅとう》（生前に建てる墓、卒塔婆《そとば》）が相国寺の本山墓地にあり、その碑銘に若冲の人となりや歩みが長文で刻まれているからです。その撰文《せんぶん》を頼まれたのは、若冲が仏道上の師と仰いで深く帰依した相国寺の大典《だいてん》禅師（梅荘顕常《ばいしょうけんじょう》）です。この大典禅師こそが、世間のことに無関心だった若冲を導き、その画才を遺憾なく発揮させた人でした。また、若冲に「若冲」という居士《こじ》号を与えたのも大典禅師です。

若冲とは、『老子』に登場する「大盈《だいえい》は冲《むな》しきが若《ごと》きも、其の用は窮《きわ》まらず」という文言によっています。大きく満ちているものは、何もないように見えるが、その働きは窮まることがないという意味です。若冲の画才をいち早く見抜き、それを言祝《ことほ》ぐ心憎いばかりの命名だといえるでしょう。大典禅師の理解と愛情があったからこそ、若冲は世に出ることができたのです。

もう一人、若冲に影響を与えた禅僧がいます。煎茶道《せんちゃ》の中興《ちゅうこう》の祖とされる月海元昭《げっかいげんしょう》、後に還俗《げんぞく》して高遊外《こうゆうがい》を名乗った通称、売茶翁《ばいさおう》です。売茶翁は禅宗の一派である黄檗宗《おうばく》の僧でしたが、五七歳で故郷の肥前《ひぜん》（現在の佐賀県）にある寺を法弟に任せて京に上ります。

六一歳で東山に通仙亭《つうせんてい》という茶房を開き、また、自ら茶道具を担いで京の大通りに簡素な茶席を設け、道行く人々に煎茶を振る舞いながら、禅機に富んだ卓越した問答を繰り返したという人です。その売茶翁と親交が深かったのが大典禅師であり、若冲でした。禅師は『売茶翁伝』を著わし、若冲は数点の肖像画を描いています。

売茶翁は、若冲が描いて相国寺に献納した『動植綵絵《どうしょくさいえ》』（綵は彩と同じ意味）を見て、「丹青活手《たんせいかつしゅのみょう》 妙 通神《かみにつうず》」という一行書を若冲に贈りました。丹青とは絵画のことで、その超絶技巧ぶりは神の妙手にも通じると称賛したわけです。この七文字に感激した若冲は、そのまま長方形の印章に彫り、とくに自らが気に入った絵に遊印《ゆういん》（署名とは離れた場所に捺《お》す印）として捺しました。

若冲ははじめ、当時の人が絵を志したときに誰でもそうするように、狩野派の絵師に手ほどきを受けました。しかし、狩野派の手法をいくら自分のものにしても、粉本《ふんぽん》主義から免れることはできません。つまり、狩野派の絵画の手本や模本をなぞるだけで終わってしまいます。

それに飽き足らなかった若冲は、自ら宋や元の中国画を学びます。それでもしっくりいかず、結局、自分で直接、ものに即して描く以外にないことを悟ります。ここに徹底した写生を追求する独自の画境を見出すことになります。この実物実写を展開するために、若冲は自宅の庭に数十羽のニワトリを飼い、その生態を観察しながら写生に熱中したといいます。

若冲はその長い生涯の中でかなりの数の作品を残しましたが、そのレパートリーとしては承天閣美術館が所蔵する『釈迦三尊像』などの仏画、売茶翁などを描いた肖像画、『鹿苑寺大書院障壁画』などの水墨画（重文）がありますが、やはり真骨頂《しんこっちょう》といえるのは数多くの動植物を描いた濃彩画です。

なかでも若冲畢生《ひっせい》の大作とされているのが、現在、宮内庁の三の丸尚蔵館が収蔵する『動植綵絵』全三〇幅です。これはもともと、若冲が両親の菩提を弔《とむら》い、また自分の永代供養料として『釈迦三尊像』とともに相国寺に寄進したものですが、一八八九年に明治天皇に献上されました。献上とはいえ、事実は寺の財政難のため、下付金一万円で買い上げてもらったものです。

その経緯はさておき、驚くほど細密な手法で描かれたニワトリや虫、鳥類、四季の草花、魚や貝などが画面で躍動するさまは、言葉を失うほどの異様な迫力に満ちています。若冲の『動植綵絵』は質量ともにわが国の花鳥画の最高峰に位置するもので、ある種の奇跡といっても過言ではありません。

しかも、それは実物をそっくりそのまま写生するという手際の鮮やかさや超絶技巧にとどまるだけでなく、それを超えて、見るものを虚実皮膜の間に宙づりにし、眩暈《めまい》にも似た幻想的な世界へと導いてくれます。たしかにものを透徹した目で見て描いているのでしょうが、その向こうにリアリティを超えたもうひとつの世界が立ち上がってくるように感じます。

ものに即して描くという若冲の決意は、ものの世界を突き抜け、内的な世界にまで到達していきます。あるいは若冲は、森羅万象を描いて、描いて、描き尽くしたいという内なる衝動をものに即して描くことで具現化したかったのではないでしょうか。若冲は、この『動植綵絵』を四〇歳代のほぼ一〇年を費やして完成させました。

若冲の名声は、当時の京の都でも円山応挙と並び称されるほどでしたが、なぜかその後、画壇の表舞台からは消えてしまいます。それでも天才は、それを正当に評価する人がいる限り、いつか必ずよみがえるものです。一九八〇年ごろから続く若冲の再評価と人気ぶりは、その証といえるのではないでしょうか。

パリで開催された若冲展に、フランスの人々が感嘆の声を上げました。

伊藤若冲の人気は、日本国内に留まるものではありません。海外にも、たとえばアメリカ人のジョー・プライスさんのような有名な若冲のコレクターがいます。海外での若冲人気を確認することになったのが、相国寺や承天閣美術館も協力して二〇一八年秋にパリのプティ・パレ美術館で開催された、『若冲―〈動植綵絵〉を中心に』展でした。

これは日仏友好一六〇年を記念する「ジャポニスム二〇一八」のメインプロジェクトのひとつとして開催されたもので、若冲の作品の中でももっとも注目を浴びている『動植綵絵』全三〇幅と、『釈迦三尊像』三幅の計三三幅がまとめて公開されました。これは若冲が相国寺に献納したままの形です。これまで海外で『動植綵絵』全三〇幅が一堂に公開されたのは二〇一二年にアメリカのワシントン・ナショナル・ギャラリーで開催された展覧会のみで、ヨーロッパでは初めての公開となりました。

葛飾北斎や喜多川歌麿に比べ、フランスでは若冲の知名度はいまひとつだったため、はたしてその作品がパリの人々に受け入れられるかどうか注目されていましたが、いざ蓋を開けてみると展覧会のオープン直後から話題となり、一か月あまりの開催期間中に約七万五千人が来場するほどの大盛況ぶりでした。フランスの有力紙『ル・モンド』は、「洗練された精緻な筆致、調和のとれた配色、エレガントな構図などに、若冲の卓越した技能をうかがい知ることができる」と、高い評価を掲載しました。

私も現場を訪れたのですが、久しぶりに見る『動植綵絵』に感銘を受けました。さらに当時、皇太子殿下でいらっしゃった今上天皇に展覧会の会場でお目にかかることができたのも思い出に残っています。

マクロン大統領の招待宴であいさつされたのですが、最初は日本語で、途中からはフランス語に切り替えてお話しされました。また、裏千家が会場に設けた茶室では、お手伝いをされていた女性一人ひとりに丁寧にお声を掛けていらっしゃいました。これからも上皇さまが歩んでこられた日本国民統合の象徴としての役割を受け継ぎ、内外でご活躍されることを国民の一人として願っています。

余談になりますが、上皇陛下とは学習院初等科で学友でした。上皇陛下は学習院初等科に入学されることになっていたのですが、そのときに学校に友だちが一人もいないのでは寂しかろうということで、事前に同年代の友だちをつくっておこうとの配慮から八名が選ばれ、私もその一人でした。何人かが一組になり、月に一、二回、交代で幼稚園の先生に引率されて東宮御所にうかがいました。庭で待っていると、警護の方に付き添われた上皇さまが三輪車に乗ってお見えになり、ブランコや砂場で遊びました。

上皇陛下とは、若冲にからむ思い出もあります。二〇〇五年の秋でしたが、天覧競馬となった天皇賞に、上皇さまは上皇后さまと一緒に府中の東京競馬場にお見えになりました。偶然の再会でしたが、びっくりした上皇さまが「なぜ、ここにいるの？」とおたずねになるので、「有馬記念の縁で招待されました」と答えました。実は競馬の有馬記念の有馬とは、旧久留米藩主有馬家一五代当主で農林大臣や日本中央競馬会理事長を務めた、私の父の従兄にあたる有馬頼寧《よりやす》にちなんで命名されたものです。

ちょうどそのころ承天閣美術館で伊藤若冲の展覧会を企画しており、『動植綵絵』の一二〇年ぶりの里帰りを宮内庁にお願いしていたのですが、そのことも申し上げたところ、まもなく宮内庁の許可が下り、二〇〇七年五月に無事、若冲展を実現することができました。

パリで行われた若冲展から、今上天皇、上皇さまへと話が飛躍しましたが、これも若冲が取り持つ縁ではないかと思っています。

対象を破壊して再構築した抽象画と、余白という空に宇宙を再構成した水墨画。

日本画、なかでも水墨画や文人画《ぶんじんが》のようなものは画面をすべて使うことなく、必ず「余白《よはく》」を残すのが大きな特徴です。それに対して西洋の絵画は、画面いっぱいにところ狭しと描きます。バチカン宮殿のシスティーナ礼拝堂に行ったときのことですが、天井から床、四方の壁まで、壁という壁がラファエロやミケランジェロなどの壁画ですべて埋め尽くされていました。そこに西洋画の特徴を見たような気がしました。

一方、日本画では余白が大切な意味を担っています。絵によっては何が描かれているかよりも、何も描かれていない余白のほうに意味を持たせたものがあります。その余白に書き入れられたコメントのようなものが、「賛（讃）」、もしくは「画賛《がさん》」と呼ばれるものです。

賛とは本来、漢文の文体の一種で、人物や事物を誉め讃えるために韻文形式で書かれたものです。中国の宋代に書画一致の思想が発展するにつれて絵画に取り入れられ、それが日本にも伝えられました。とくに室町時代になると、絵と賛が一体となった水墨画の「詩画軸《しがじく》」が盛んに描かれるようになりました。

いわば絵と言葉がひとつになり、そこに宇宙を現出させるのが日本画の特徴だと思います。つまり日本画では、余白という「空」に宇宙を再構成するのです。最近では日展などに出品される日本画でも、この余白を活かした伝統的なものが少なくなってきたように感じます。

私は、西洋画も嫌いではありません。それも、いわゆる具象画よりも、抽象画のほうがおもしろいと思っています。抽象画とは何かというと、人によってさまざまな説明があると思いますが、私はこう考えています。

たとえば、ここにひとつの茶碗があるとします。その茶碗を木っ端みじんに割ってしまいます。そして、かけらを集めてきて、その茶碗を再構築したのが抽象画です。キュビズムを推し進めていたころのピカソの絵などが、その典型です。それまでの西洋における具象画が、その対象をひとつの視点にもとづいて描いていたのに対し、ピカソは対象を一旦、破壊し、さまざまな角度から見た形としてひとつの画面に再構成しました。

一旦、ぶち壊しておいて、それを再び積み重ねて構築、構成するのが抽象画、抽象芸術です。パリで開催されたピカソ展にも足を運びましたが、ピカソの絵を見ていると、そのことがよくわかります。

それは余白という空に宇宙を構成する日本画、とくに水墨画や文人画にも通じるものです。あれは森羅万象、山川草木を空という相においてとらえた一種の抽象画です。雪舟などが描いた水墨画を見ていると、その空こそが実体であって、ものそれ自体には実体はないということを感じます。

なぜなら茶碗も、それをバラバラにしたかけらも、ものとして見れば同じものです。茶碗という固定化された実体、かけらという固定化された実体があるわけではありません。それが、仏教でいうところの「無自性」です。無自性とは、それ自体で存在する固定化された本性などないということです。

水墨画は、その意味でとても抽象度の高い絵だと思います。それは鎌倉時代に禅僧によってもたらされた中国からの外来文化でしたが、室町時代以降、画僧などによって日本において独自の発展を遂げました。その中心にいたのが、先にも述べた如拙であり、周文であり、雪舟でした。自然や四季の移ろい、さらには人物などを「墨に五彩あり」といわれるように墨の濃淡だけで表現するわけですから、おのずと抽象度の高いものになります。

その水墨画は、いわゆる「禅画《ぜんが》」と呼ばれるジャンルを生み出しました。禅画とは何かと質問されることがあるのですが、ひとことで答えるのは難しいことです。単純に「禅寺に伝来している絵」とはいい切れません。たとえば襖絵や障壁画は禅画とはいえません。

また、「禅僧が描いた絵」が禅画だと思っている方もいらっしゃいますが、禅僧が描いた絵の中にも、禅画と呼ぶにはふさわしくない絵も少なくありません。「作品の題材や内容が禅的なもの」というのも、必ずしも当たっていません。たとえば達磨大師や寒《かん》山拾得《ざんじっとく》、十牛図《じゅうぎゅうず》のような禅的な素材に題をとったものであっても、禅画と称するに値しないものもあります。

それに対して、禅僧ではない僧侶や諸芸を究めた達人などが描いた絵に、禅画と呼ぶにふさわしいものがあったり、花鳥風月や山水などを題材にした絵に、まさに禅画とかいえないものがあったりします。

ですから、あえて禅画を定義しようとすると、真実の信仰や厳しい修行によって得られた悟りの境地を基盤にした表現が、単なる技術的な巧拙を超えて、見るものの心に深い感動をもたらすものが禅画だといえます。それゆえ、別に禅画を描いた人が禅僧である必要はないし、内容や画題が禅的なものである必要もありません。

とはいえ、禅画を堅苦しいものだと考える必要もありません。たとえば、日本の臨済宗の中興の祖といわれる江戸時代中期に活躍した白隠慧鶴禅師が描いた禅画や、同じく江戸時代に生きた仙厓義梵《せんがいぎぼん》禅師が描いた禅画は、何とも飄々《ひょうひょう》とした味わいにあふれ、ハッと心打たれてしまいます。機会があれば、ぜひ、ご覧になっていただきたいと思います。

子どものころに伯父の蔵の中で見た書画骨董や小僧時代の発掘体験が目利きの土台になっています。

「三つ子の魂百まで」とは、よくいったものです。私が書画や茶道具などの美術品や工芸品に惹かれるのは、水墨画や茶の湯の世界と縁浅からぬ相国寺という禅寺に籍を置き、自らも書や茶をたしなむ禅僧であることも関係しているのでしょうが、そうなるはるか以前、年端の行かぬ子どものころの体験や嗜好にさかのぼるようです。

私は一九三七年に、当時、東京の青山にあった女子学習院に設けられた皇族や華族の子弟が通う幼稚園に入園しましたが、それ以前から、私たち母子が世話になっていた母の兄である水野忠泰に、いわゆる琴棋書画を仕込まれました。幼稚園では毎朝、黙とうの時間があり、静かに音楽が流れていました。ビゼーの『アルルの女』やシューマンの『トロイメライ』などの旋律に、子どもながら陶然としたものです。

そうした体験よりももっと私をひきつけたのは、伯父の屋敷内にあった蔵の探検でした。鉄砲、刀剣、よろい、武具や馬具の類がぎっしりと蔵を埋め尽くし、さらに掛け軸、書画、漆器、陶磁器、茶器などが入った箱が天井まで積み上げられていました。そこは私にとって心躍る未知の世界であるとともに、誰にも気兼ねがいらない自由の空間でした。

普通の子どもであれば、薄暗くてひんやりした蔵の中など嫌がるかもしれませんが、私はそこにいると安らぎを覚えました。手近の箱から掛け軸を取り出してするすると伸ばし、水墨で描かれた山水の世界に見入りました。かと思えば、有田焼の染付を手に取って、その鮮やかな色彩に感動しました。

蔵の中にいると、時間がたつのも忘れていました。夕方、暗くなると、蔵の外で私を捜す声がします。蔵の戸を開けて入ってきた水野家の使用人が、蔵の中の箱の間にちょこんと座っている私を見つけ、「骨董好きの子どもなんて見たことがない」と不思議がったものです。

私は一九四一年の春に大分県の日田にある妙心寺派の禅寺、岳林寺に小僧として預けられましたが、そこでの経験も私に美術品や骨董への目を開かせてくれることになりました。

岳林寺は日田の町はずれにあったのですが、背後にすぐ山が迫り、鬱蒼《うっそう》とした木立に覆われていました。実は、その山が吹上台地と呼ばれる台地で、古代の住居跡や遺跡が発見された場所でした。

私は終戦の年に旧制の大分県立日田中学校に進学するのですが、朝まだ暗いうちに起き出し、食事の支度をし、寺のお勤めをし、後輩の小僧に弁当を持たせて学校に送り出し、掃除をし、それから片道四キロある中学に通っていました。

そんな状況ですから遅刻は常習で、寝不足のために授業中も居眠りばかりで、勉強に身が入りませんでした。おまけに、葬式だ、法事だと、寺の用事でしょっちゅう学校を休まされました。そうなると、朝、いったん寺を出ても、学校に足が向かなくなりました。そんな私が向かった先が、裏山の吹上台地だったのです。そこで土器や装飾品などを掘り出すことに夢中になりました。

大雨が降った後などに駆けつけると、表層の土砂が崩れ、そこに穴が開いています。それを静かに掘り進めると、勾玉《まがたま》や黒曜石《こくようせき》の矢じりなどが出てきます。あるいは手つかずの古墳があり、そこから馬のクツワや耳飾りなどが出てきます。いまでもそのときに見つけた勾玉を持っていますが、土を除けていったときにキラッと光る勾玉が出てきたときの興奮は、いまも忘れることができません。

そういうものを集めていると、たびたび調査に来ていた九州大学の考古学の先生や日田市の文化財保護官が寄ってきて、「有馬君、きょうは成果があったかね」と聞いてきます。私もいっぱしの研究者気取りで、専門家を相手に考古学談議に花を咲かせました。

吹上台地から出土した遺物は現在、「大分県吹上遺跡出土品」として重要文化財に指定されていますが、日田市の文化財保護課へ行くと、明らかに私が発掘したものも並んでいます。

そのときの体験が、骨董品などを見るときの私の判断に大いに役立っています。私のところに古代の勾玉だと称するものを持ってくる人がいますが、ざっと見ただけで、それが本物かどうかわかります。たとえば孔の開け方を見ても、本当に古代のものは一方向から穿《うが》たれています。しかし、最近つくられたようなまがい物は、孔が両方向から穿たれています。やはり、体験に勝るものはありません。

さらに、三〇代に入ったころに私は胃潰瘍で半年ほど療養したことがあるのですが、そのときにたまたま療養に訪れた箱根で美術館に入ってみました。そこに展示されてあった仏像、墨跡、焼き物などを見て、長らく忘れていた感動がよみがえってきました。聞くと、これらの展示品は海外へ流出しそうになったものを、ある宗教人が買い取ったコレクションだといいます。優れた美術品や文化財を海外へ流出させてはならないという使命感に頭が下がりました。

相国寺にも禅に関連した歴史的な美術品や文化財が多数、伝来しています。しかし、どんなものがあるか、誰に聞いてもはっきりわかりません。収蔵庫でほこりをかぶったままのものもあります。これではいけないと思い、その療養期間の間に禅文化や仏教美術について勉強しようと思い立ちました。

そのときに偶然、出会ったのが、独特の美意識で知られる随筆家の白洲《しらす》正子《まさこ》さんでした。私は、白洲さんからものの見方について多くのことを学びました。そのときに独学ながらも体系的に学んだことが、いま、美術品や文化財を見るときの私の素養や土台となっています。

もの自体には本物も偽物もない。真贋を決める人間にこそ正しい見識が必要です。

美術館を運営し、茶の湯や書に親しんでいると、実にさまざまな人が、さまざまなものを持ってやって来ます。古美術商、研究者、コレクター……。これを買ってもらえないですかという人もいれば、これを鑑定していただきたいという人もいます。そういう方々が、だいたいひと月に二、三人はいらっしゃいます。

そうした方々は、だいたい風呂敷にものを包んでやって来るのですが、その風呂敷を見ただけで、中に入っているものがよいものなのか、いい加減なものなのか、だいたい察しがつきます。インド更紗《さらさ》のような金更紗や日本の更紗でも堺更紗などの風呂敷に包まれたものには、それなりにいいものがあります。

そもそも目利きのようなことを長くしていると、古美術商のほうでもいい加減なものは持ってこなくなります。すると、おのずといいものが集まるようになります。ですから、もし古美術品や骨董などに興味がある方がいらっしゃったら、しっかりした古美術商を選ぶことも偽物やまがい物をつかまされないためのひとつの方法です。

よく、古美術品や骨董などで真贋が話題となりますが、ものには本物と偽物のどちらかしかありません。そして、それが偽物だと証明されない限り、それは本物です。つまり、どちらかわからないものは理論上、本物ということになります。

それを見極める力や見抜く目を持つためには、自分の目でたくさんものを見て、勉強するしかありません。そうすると自分の中に判断の基準となるものができて、初めて見るものでも本物かどうかわかるようになります。世の中にはつくづく感心してしまうような本当によくできた模造品（偽物）がありますが、よく見ると、やはりどこか偽物くさいのです。

たくさんものを見るといっても、右から左というように漫然と数だけこなすような見方ではいけません。以前、知り合いの大学教授の紹介でやって来た女性が、承天閣美術館で収蔵している『源氏物語』の一場面を画題にした蒔絵の手文庫を床に這いつくばうような姿勢のまま、一時間もためつすがめつ見ていたことがありました。

彼女にとっては千載一遇というか、一期一会というか、それまで散々、蒔絵を見てきたからこそ、初めて本当にすばらしいものに出合ったという感動があったのだと思います。彼女は現在、ニューヨークにある世界最大級のメトロポリタン美術館で正式な学芸員として雇われているそうです。

とにかく、本物をたくさん見ることです。本で見た、インターネットの画像で見たというのではダメです。それは、その場限りの印象で終わってしまい、目にも、頭にも残りません。

自分の目で見て、それを目と頭に焼き付ける。もし手で触ることが許されているものなら、実際に自分の手で触って、その感触を手に覚えさせる。そうした見方をしていれば、本物と偽物、いわゆる真贋を見極める力がついてきます。また、同じ本物でも、本当によいものがわかってきます。

真贋論争というのは、洋の東西を問わず、大昔からあります。最近では、テレビの鑑定番組に持ち込まれた茶碗が、南宋時代の曜変天目茶碗《ようへんてんもくちゃわん》かどうかで論争になったそうです。真偽のほどはわかりませんが、曜変を再現する技術はすでにあります。それで茶碗をつくっている人を知っています。

それ自体は本物でも偽物でもありません。ということは、すなわち本物です。ただし、それが曜変天目茶碗として出回った途端に偽物になってしまいます。ですから、その人には自分の作品だとわかるように高台のところに署名を入れるとか、窯印を入れるなどしておかないと、後で問題になる可能性があるといっています。

焼き物の真贋論争ということでいえば、ご年輩の方の中には「永仁の壺事件」のことを思い出す方もいらっしゃるでしょう。これは一九六〇年に発覚した古陶器の贋作事件です。

その前年に、「永仁二年」（一二九四年）の銘がある瓶子《へいし》（お神酒徳利《みきどっくり》に似た細口の容器）が鎌倉時代の古瀬戸の傑作であるとして国の重要文化財に指定されました。しかし、それが陶芸家の加藤唐九郎（当時、人間国宝。事件発覚後、解除）による現代の作品であることが判明し、重文指定が取り消されるとともに、重文指定を推薦した国際的な陶磁器研究者で、文部技官や文化財専門審議会委員でもあった人物が引責辞任しました。

事件の真相については実はまだわからないところがあるのですが、私は文化的な権威づけに対する加藤唐九郎の反抗ではなかったかと思っています。たしかに古瀬戸というのはわかりにくいのです。美濃の土味が「きらず土」という卯の花（おから）の色なのですが、それが焼き物ではなかなか出せません。唐九郎の技術だからこそ実現できた贋作ともいえるでしょう。

それを使って、文化庁という権威に対して一泡吹かせてやろうという思いがあったのだと思います。陶芸家に限らず、何かの道を究めた人というのは、往々にしてそういうところがあるように思います。

古美術品の真贋を見極めるのは、たしかに難しいことです。プロの目利きとされている人や有名な骨董商などでもコロリとだまされることがあります。さらにいえば、世の中には、それが偽物だと知りながら買う人もいます。贋作を売る人は、そういう人を狙って訪ねて行きます。そこに贋作のマーケットが成立する要因のひとつがあります。

先ほども曜変天目茶碗のところでいいましたが、それとうり二つのものをつくったからといって、それだけでは贋作や偽物とはいえません。その人の作品として見れば、それは本物です。それを南宋時代のものといった時点で偽物となります。

そうなると、そのもの自体には、本物も偽物もないということになります。すなわち、ものは無自性です。それを決めるのは、あくまでも人間の側の事情です。それを見る人たちが、どう見るかによって、本物にもなり、偽物にもなります。

結局、真贋というものは人間が決めるものです。ですから、その人間に真贋を見極める目や見識がなければどうしようもないことです。

第五章 真実の人との出会い

バチカンで聞く『オラショ』に魂が震え、祭壇で仏教の「普回向」を唱えてきました。

二〇一七年一一月四日、私はローマ・カトリックの総本山であるバチカンのサン・ピエトロ大聖堂で行われた盛大な音楽ミサに参列しました。

このミサは「ヴァチカン国際音楽祭」の一環として開催されるものだそうで、ローマ教皇代理ミサ（ローマ教皇の名によるミサ）に世界的な音楽家や演奏家が招かれ、公演を行うことになっています。日本からは指揮者の西本智実さんが率いるイルミナートフィルハーモニーオーケストラとイルミナート合唱団が二〇一三年から連続して招かれており、当日はモーツァルトの『戴冠式《たいかんしき》ミサ』と『オラショ（グレゴリオ聖歌）』が披露されました。

グレゴリオ聖歌とはローマ・カトリック教会で典礼《てんれい》に用いられる伝統的な聖歌ですが、

オラショとは長崎県平戸市の生月島《いきつきしま》でキリスト教弾圧の時代を乗り越え、いわゆる潜伏キリシタンの人々によって伝承されてきた祈りの歌です。

その元になったのが、すでにヨーロッパでは歌われなくなっていた古い時代のグレゴリオ聖歌だったのです。それがヨーロッパからはるか遠く離れた日本で、四世紀以上にわたってひっそりと歌い継がれてきたことに驚きの念を禁じ得ません。信仰の強さというものをまざまざと思い知らされました。

指揮をした西本智実さんは、いまや国際的な指揮者として知られていますが、そのルーツは生月島にあるそうです。彼女自身は大阪生まれですが、曽祖母は生月島のとある集落で暮らしていた隠れキリシタンの一族の末裔《まつえい》だそうです。その西本さんがローマ・カトリックの総本山で指揮をするというのも、何かの縁なのでしょう。

西本さんは二〇一三年に初めてローマ教皇代理ミサへの出演が決まったとき、ぜひともこのオラショの原曲であるグレゴリオ聖歌を演奏したいと思い、復元しました。それがサン・ピエトロ大聖堂に厳《おごそ》かに鳴り響いたとき、その場に居合わせた人々は「東洋の奇跡だ」と感動したといいます。以来、西本さんは、このオラショをローマ教皇代理ミサで演奏し続けています。

そのミサの最後にオラショが三曲演奏されましたが、日本から駆け付けた合唱団による歌は、静かな旋律の中に深い祈りの気持ちが込められていて、私もじっと聞き入ってしまいました。これが長崎の小さな島で、信者さんたちが耳で聞き覚えたまま、ひっそりと何百年も歌い継いできた歌だと思うと感動的でした。

指揮をした西本さんも、半分ぐらいまでは手を挙げて指揮をされていましたが、途中からは手を下ろし、首《こうべ》を垂れて、オラショの響きに聞き入るようにされていました。黒いスーツに包まれたその姿がまた、何ともいえず厳かでした。

仏教にも、仏の教えを七五調《しちごちょう》や五七調《ごしちちょう》の言葉にして旋律に乗せて唱えるご詠歌《えいか》や和讃《わさん》といったものがありますが、やはりキリスト教の聖歌や賛美歌は長い間、世界中で歌い継がれてきただけに、音楽としての完成度が違います。わがご詠歌も世界の人々に聞いてもらえるよう、もっと奨励すべきではないかという思いを強くしました。

さて、仏教の僧侶である私が、どうしてカトリックのミサに参列したのか、不思議に思われている方もいらっしゃるでしょう。

現在のローマ教皇であるフランシスコは、異なる信仰を持つ人々が誠実な対話をすることが正義と平和をもたらすという強い信念のもと、諸宗教間の対話を推し進めています。その象徴のひとつとして、バチカンと日本の仏教界が宗教を超えて結束することが大切だということで、私が招待されたのです。

しかもミサの最後に、何と私が祭壇に上がり、説法をすることになりました。これも仏さまのお導きと思い、お受けしたのですが、最初は一分でやってくださいといいます。さすがに、一分では説法は無理です。せめて三分くださいとお願いして、「普回向《ふえこう》」を紹介することにしました。

普回向とは、読経《どきょう》後に、その経典《きょうてん》の功徳《くどく》をあまねく（普）一切に回し向ける（回向）ために唱えるものです。

「願わくは、この功徳をもってあまねく一切におよぼし、我らと衆生と皆ともに仏道を成《じょう》ぜんことを。十方三世《じっぽうさんぜ》一切《いっさい》の諸仏諸尊菩薩摩訶薩《しょぶつしょそんぼさつまかさつ》、摩訶般若波羅蜜《まかはんにゃはらみつ》」

これが普回向の文言になります。

神にしろ、仏にしろ、その功徳があまねく行き渡ることは、宗教者として誰もが願うことです。その意味で、たった三分という短い時間でできる説法としてはちょうどよかったといえるかもしれませんが、キリスト教の総本山で「仏道」というのもなんだか不思議な気分でした。

はたして世界中から参加していらっしゃるみなさんにわかっていただけたかどうか心《こころ》許《もと》ないのですが、私が祭壇から降りると、日本から着物を着て参列したご婦人方に取り囲まれ、口々に「ありがとうございます」と感謝されました。

すばらしい人格者の教皇フランシスコと世界平和のために一緒に祈りました。

そのミサの翌日ですが、私はバチカン宮殿で教皇フランシスコに謁見《えっけん》する機会を得ました。教皇は質素な生活を好み、母国であるアルゼンチンで司祭をしていたときから、とくに貧困問題に熱心に取り組んでいたそうです。目を見合わせ、握手をしたのですが、それだけですばらしい人格の持ち主であることを直感し、これこそ真実の人、本物の宗教者であると思いました。

私は、教皇フランシスコにたずねました。

「日本ではいま、北朝鮮の核兵器をめぐっていろいろなことがいわれています。どうしたら国際紛争は解決するでしょうか？」

すると、教皇フランシスコはこう答えられました。

「力では平和は実現できません。話し合いをしなさい。誠実に話し合ったら、お互いに理解できます。お互いに理解し合ったら、決して争いは起きません」

まさに、その通りです。わが意を得たりと思い、私たちは会話を続けました。

「仏教では、草木国土悉皆成仏《そうもくこくどしつかいじょうぶつ》といわれています。キリスト教でも同じなのではないでしょうか。すべては神のご加護のもとにある」

「その通りです。ですから、仏教徒とクリスチャンがともに祈りましょう」

「わかりました。一緒に祈りましょう」

草木国土悉皆成仏とは、草木や国土のように心をもたないものでさえ、ことごとく仏性をそなえているので、成仏するということです。

こうした会話を通して、教皇フランシスコは本当に修行を積まれ、徳を身につけた方だということを再認識できました。

教皇の人間性というものが垣間見えたのが、ミサの当日にサン・ピエトロ広場に集まった参列者（おそらく一万人くらいいたと思います）の間を、オープンカーのような車に乗って回られたことでした。

この車を俗に「パパモビル」と呼ぶそうですが、いくつかのタイプがあり、なかには防弾ガラスで囲われたものもあります。これは先々代の教皇であるヨハネ・パウロ二世が狙撃事件に見舞われた際に考案されたものですが、教皇フランシスコはそのタイプの車を使用するのを極力、避けているといいます。

彼にとって防弾ガラスは、自分と信徒を遮断する壁のようなものだそうです。そのような車に閉じ込められていては（彼自身は「イワシの缶詰」と表現しています）、信徒にあいさつすることも、愛を伝えることもできないといいます。たとえ命の危険があったとしても、信徒と隔てられるよりも、できるだけ信徒に寄り添いたいという強い気持ちがあるのでしょう。その態度には、同じ宗教者として見習うべきものがあります。

仏教の僧侶がバチカンの祭壇に立ち、短い時間とはいえ説法する機会に恵まれるという前代未聞の経験をしたわけですが、教皇フランシスコは人間が練れているというか、人間的に非常に熟成された方だという思いを深くしました。

そんな言葉があたっているのかどうかわかりませんが、ひとことでいうなら教皇は人間的にとてもチャーミングな方で、まさに慈愛に満ちた人格者です。そのお方が、「もう戦争はいらない。お互いに平和な国をつくるために一緒に祈りましょう」とおっしゃってくださいました。世界の平和のために宗教家はもっと声を上げないといけない、黙っていては駄目だと、改めて意を強くしました。

私はいま、教皇フランシスコの写真をペンダントのようにして持ち歩いています。その教皇が、二〇一九年の一一月二三日から二六日に来日されることになっています。被爆地の広島と長崎を訪問し、原爆の犠牲となった方々に祈りを捧げ、核廃絶を訴える平和へのメッセージを発信する方向で調整しているそうです。滞在中には天皇陛下との会見も予定されているといいます。

教皇はかつて、第二次世界大戦の終結から七〇年がたとうとしているのに、世界が依然として核の脅威にさらされていることに対して、「人類はヒロシマ、ナガサキから何も学んでこなかった」と発言しました。また、二〇一五年八月には、サン・ピエトロ広場に集まった人々に向けて、「核兵器と大量破壊兵器の終わり」「戦争にノー、平和にイエス」と呼びかけました。

今回の来日で、教皇がどのようなメッセージを発せられるのか、とても興味深く、楽しみにしています。と、同時に、唯一の被爆国でありながら、二〇一七年に国連で採択された核兵器禁止条約に反対票を投じた日本についてどう思っているのか、聞いてみたいという思いもあります。

大津櫪堂老師を生涯の師と仰ぎ、相国寺で修行を続けました。

みなさんは、「道力《どうりき》」という言葉を聞いたことがあるでしょうか。あまり耳慣れない言葉かもしれません。仏教用語で、「仏道を修めて身に得た力」という意味です。たとえば聖徳太子が書いたといわれている『勝鬘経義疏《しょうまんぎょうぎしょ》』に、「力に二種有り。一は勢力、二は道力」とあります。

道力をそなえた本物の人物ということでは、私の師匠であり、元の臨済宗相国寺派《しょうこく》管長でいらっしゃった大津櫪堂《れきどう》老師も、まぎれもなくその一人です。

老師に初めてお会いしたのは、一九五三年のことです。当時、二〇歳の私は大分県日田市にある岳林寺というお寺で修行する身でしたが、県内の中津市にある自性寺《じしょう》というお寺で新しい住職の新任式があるということで、手伝いに行かされました。そのときに新住職の師匠ということで、老師がお見えでした。

あいさつにうかがうと、「名は何というか?」と聞かれました。私は「玄黙《げんもく》と申します」と答えたところ、「そうか」と、それだけでした。しかし私には、それだけで十分でした。

本当の修行を積み重ねた人だけが発することのできる気合い、自ずとにじみ出る人徳のようなものに圧倒され、「この人についていこう」と心に決めました。二〇歳そこそこの若者の感受性が、理屈を抜きに、老師が身にそなえた道力に感応してしまったのです。


それから二年後の一九五五年四月、私は小僧時代から一五年間暮らした日田を後にしました。一昼夜かけて鉄道を乗り継いで京都に着いた私は、京都御所のすぐ北側にある相国寺の広大な境内に足を踏み入れました。目指したのは、境内の東の端にある修行道場です。

五月一日に正式に入門が許され、雲水《うんすい》としての修行の日々が始まりました。禅宗のお寺や道場で修行に励む僧侶を雲水といいます。「行雲流水《こううんりゅうすい》」という言葉が元になった呼び名で、行く雲、流れる水のように仏の道を求めてひたすら修行に勤《いそ》しむ僧侶のことです。

入門と同時に向かったのは、修行道場の道場主にあたる師家《しけ》の大津櫪堂老師のところでした。同期の四人の雲水と一緒にあいさつを済ませると、二年前に初めて中津でお会いしたときと同様に、「うむ」といった感じで、こちらにそっけなく一瞥《いちべつ》をくれただけでした。

しかし、私は心の高ぶりを抑えることができませんでした。この老師のもとで修行したいがために、九州から京都にやって来たのです。私の興奮もおわかりいただけると思います。

雲水としての修行には、毎日の勤行《ごんぎょう》（仏前で読経すること）、坐禅、作務《さむ》（掃除や野良《のら》仕事などの労働）のほか、相国寺の道場では二、五、七、十の付く日に街中の家々を回って人々から寄進をいただく托鉢《たくはつ》、一、三、六、八の付く日は『碧巌録《へきがんろく》』や『無門関』といった禅の指南書の講義などがあります。

それらと並んで、臨済宗では与えられた公案に対して、自分なりの答え（見解《けんげ》）を示す参禅と呼ばれる修行があります。公案とは、いわゆる禅問答と呼ばれるもので、修行僧が悟りを開くため、師匠である師家から与えられる問題です。その問題は、かつての優れた禅者の言葉や事績が元になっており、その数は一七〇〇に達するといわれています。

これがまた、難問中の難問ばかりです。数学の問題のように、たったひとつの正解というものがないからです。正解があるようでいて、ない。ないようでいて、ある。その正解があるかないか定かではない問題を、修行する雲水に徹底的に考えさせます。たとえば師家である櫪堂老師から、私も最初のころにこんな公案を与えられました。

「両掌《りょうしょう》相《あ》い打って音声《おんじょう》あり。隻手《せきしゅ》に何の音声かある」

両手を打ったら、音がする。では、片手ではどんな音がするか。これは日本の臨済宗の中興の祖とされる江戸中期の白隠慧《はくいんえ》鶴《かく》禅師がつくった「隻手（の）音声」と呼ばれる有名な公案です。おわかりになりますか。

常識的に考えれば、片手では音が出るわけがありません。それでも考え続けて、自分なりの正解を見つけなくてはなりません。それこそが公案の目的です。七転八倒するような思いで何とか答えをひねり出して、参禅の時間に老師にそれを告げに行きます。それを聞いた老師は、手にした鈴をチリンと鳴らします。駄目だという合図です。その鈴が鳴ったら、即刻退室。また後日、出直さなくてはなりません。

もちろん老師は、その答えのどこが駄目なのか、一切説明はしてくれません。ただ、駄目だというだけです。それを繰り返すうちに、私たち新米の雲水はどんどん追い込まれていきます。これ以上、言葉が浮かんでこないという瀬戸際に立たされるのです。それによって、師家である老師は修行のとばくちに立った雲水から小ざかしい分別《ふんべつ》というものを奪い取っていきます。己《おのれ》が無とされ、存在の底に立たされ、ぎりぎりの裸の自分を見つめざるを得なくなるのが公案です。

そんな修行を大津櫪堂老師のもとで続けて、二年ほどたったころでした。はたして自分の修行が進んでいるかどうかの手応えもまだなく、老師からどう見られているのかもわからないままでしたが、あるとき老師から境内の一角にあり、自坊とされている塔頭《たつちゆう》、大光明寺に来るようにというお呼びがありました。大光明寺は、伏見宮《ふしみのみや》家歴代の菩提《ぼだい》寺でもあります。

そこでいきなり、「この寺の弟子になれ」といわれました。それはつまり、老師の直接の弟子になって、将来的に住職として大光明寺を継ぐということです。突然の話で、どう答えていいかわからなかったのですが、私には断るという選択肢はありませんでした。

相国寺で修行をしているとはいえ、それはあくまでも専門道場で修行をさせていただいている身だということで、僧侶としての私の籍は日田市の岳林寺にありました。大光明寺の大津櫪堂老師の弟子になるということで、その僧籍を移すことになりました。

二〇代後半という若さで老師の直接の弟子になるということは、もしかしたら異例のことだったのかもしれません。老師からは、「このことは絶対、人に漏らしてはならんぞ」と、強く口止めされました。

頼底《らいてい》という道号《どうごう》（禅僧が師匠から授与される称号）を老師からいただいたのは、それからさらに二年後のことでした。私の出身である有馬家は代々、男子の名前に「頼」が付けられることから（私の本名は有馬永頼《ながより》でした）、頼底でよかろうということになりました。

「底についたら、もう下に行きようがない。あとは上に行くだけだ」

ものごとの真実をとらえた、いかにも老師らしい発想にもとづく命名です。もう一つ、諱《いみな》もいただきました。これは一般の名前、普段に使う呼び名と思ってもらえればいいのですが、大光明寺では弟子となった僧は「承」という字を踏襲することになっており、そこから承黙《しょうもく》という名前になりました。岳林寺時代は玄黙ですから、玄が承に変わったわけです。

櫪堂老師の道力に魅せられ、この人についていくと決めて相国寺で修行をする身となった私としては、老師から弟子になれといわれ、道号や諱までいただいたわけですから、この上ないことでしたが、それよりもうれしかったのは、修行中に格別の言葉をかけていただくようなことはなくても、私のことをしっかりと見ていてくださったということでした。

大津櫪堂老師が死に臨んで、私に与えてくれた最後の公案。

この人のもとで修行したい、この人に一生ついていこうと決めた大津櫪堂老師は、一九七六年五月に八〇歳で遷化《せんげ》されました。死の一か月ほど前から、親しい方が来客として見えられたときなどに、「わしは、ぼつぼつ死ぬさかいな」と、よく口にされていました。

それがあまりにもあっけらかんとした口ぶりで、しかもおっしゃった老師自らが続けて「アハハハ」と愉快そうに笑うものですから、聞いているお客さんのほうでも本気にしていませんでした。事実、お医者さまに診てもらっても、格段に悪いところもなく、「まだまだお元気ですな」といわれていたくらいです。

それでもお客さんが帰った後で、「わしの身体のことは、わしが一番ようわかっとる」といっていました。

その一年ほど前だったと記憶していますが、老師は人に頼まれて、禅画でよく見られる円相《えんそう》（墨で円を描いたもの）を描き、その円の中に「死にともない」と揮毫《きごう》されました。

禅画に詳しい方ならご存じかもしれませんが、これは数多くの軽妙飄逸《けいみょうひょういつ》な禅画を残したことでも知られる江戸時代の禅僧、仙厓義梵《せんがいぎぼん》禅師の故事にちなんだものです。言い伝えによれば、仙厓禅師が八八歳で死に臨んだとき、枕元に集まった弟子たちから遺偈《ゆいげ》（弟子や後世の人に残す末期の言葉）をお願いされ、「死にともない」といったといいます。

それは「死にとうない」、つまり「死にたくない」という意味だとされています。それだけを聞けば、どんなに長く修行を続けて道力を身にそなえた高僧であっても、いざ自分の死に臨むと、やはり死にたくない、もっと生きていたいと思うものかということになるかもしれません。

櫪堂老師もまた、死にたくないという気持ちで「死にともない」と書いたのでしょうか。弟子として何十年もそばに仕えてきた私は、そうだとは思っていません。仮に死にたくないだったとしても、それは生に執着したということではありえません。

僧は生まれ変わり、死に変わりして、衆生済度《しゅじょうさいど》（生あるすべてのものを迷いの中から救済し、悟りを得させること）をまっとうすることが最大の責務です。自分が死ぬことで、それまで続けてきた禅の修行をこの世で続けられなくなることが残念だったのではないでしょうか。

ですから老師の「死にともない」は、死に臨んで、「わしの身体は滅びても、この魂は死にゃせんぞ。だからお前たちもしっかり修行せえ」という叫びだったと思っています。


老師は、自分の生が間もなく尽きることをわかっていたのだと思います。しかし、そこに恐怖とか、狼狽《ろうばい》のようなものは微塵《みじん》も感じられませんでした。いつもと変わらぬ様子で、淡々と過ごされていました。老師にとっては、昨日までしていた息が、今日は止まってしまっただけ、それが死ぬということだという思いがあったのだと思います。かの良寛和尚《りょうかんおしょう》が、「死ぬる時節には死ぬがよく候」と友人に書き送ったという心境と同じだったのではないでしょうか。

死の三日前、老師はいつものように夕食の席につきましたが、少しだけ口元が不自由そうでした。それでも布団に寝かせると、これまたいつものように合掌《がっしょう》して、私たちに「やあ、ありがとう」と声を掛けられ、静かに寝息を立て始められました。

そのまま二日間、一度も目を覚ますことなく、老師は息を引き取られました。おだやかな、本当におだやかな師匠の最期でした。それは私に、「わしの死をしっかり見届けなさい。そしてお前にとって死とはいかなるものか考えなさい」と、最後に大きな公案を与えてくださったのだと思います。

行動力にあふれる立松和平さんや菅原文太さんと妙に馬が合いました。

世界自然遺産にもなっている北海道の知床《しれとこ》は、アイヌの言葉で「地の果て」を意味しています。その知床半島にある斜里《しゃり》町に、このところ七月になると、毎年のように出かけています。

きっかけになったのは、二〇一〇年に六二歳という若さで亡くなった作家の立松和平《たてまつわへい》さんです。私は彼のことを「わっぺいちゃん」と呼んでいたので、以後、わっぺいちゃんで通します。

わっぺいちゃんと出会ったのは、競馬の有馬記念でした。私の父の従兄が日本中央競馬会の第二代理事長を務めた有馬頼寧《よりやす》だった関係で、中山競馬場に招待されて出かけた折、たまたま私のまたいとこにあたる直木賞作家の有馬頼義《よりちか》の夫人が彼を連れてきていました。彼は若いころ、『早稲田文学』の編集長だった頼義が主宰する若手作家のサロン「石の会」に参加し、頼義の書生をしながら文学の道を志した人です。

それ以来、妙に気が合い、付き合いを続けていたのですが、彼は後に斜里町にログハウスを構え、そこを仕事部屋のひとつにしていました。そこで地元の人たちから、かつてあった神社を再興したいという相談を寄せられ、友人の歌人で東京の下谷にある寺の住職でもある福島泰樹《やすき》さんたちにはかって、一九九五年に神仏習合の毘沙門《びしゃもん》堂を建てました。さらに、聖徳太子殿、観音堂の三堂が完成し、毎年七月初めに、例祭が開かれるようになりました。そこで私もお経をあげさせてもらっています。


わっぺいちゃんとは、生前、いろいろな話をしました。行動派の彼は、二〇〇六年の南極観測五〇周年に宇宙飛行士の毛利衛《まもる》さんや登山家の今井通子《みちこ》さんらと南極へ行きました。私も南極に行きたいと思っていたので、彼に話をすると、「ご案内します」ということだったのですが、残念ながら実現せずに終わってしまいました。

彼には『道元禅師』という大著もありますが、おそらく道元のことを深く理解していた日本で数少ない一人だったと思います。また、『道元の月』という歌舞伎の台本を手掛けたこともあります。そのときに曹洞宗のしきたりといったものを教授させてもらいました。たしか、その歌舞伎で道元を演じたのは、二〇一五年に他界された十代目の坂東三津五郎さんだったと思います。招待を受けて劇場に行ったところ、たまたま後ろの席にわっぺいちゃんが座っていました。

わっぺいちゃんとの付き合いから始まった知床の自然や人々との出会いや交流は、私にさまざまなことを考えさせました。そのひとつが、知床半島の鬱蒼とした原生林に象徴される豊かな森林資源を次代、次々代に引き継いでいくことの大切さです。

京都や奈良に限らず、歴史ある神社仏閣を修復・維持するには、膨大な量の木材や樹齢を重ねた大木が必要になります。現に、ヒノキなどの大木は国内で確保するのが困難な状況にあります。わっぺいちゃんは早くからそのことを訴え、林野庁などに呼び掛けて「古事の森づくり運動」を展開しました。それにならい、私が代表理事を務める京都仏教会でも法隆寺や林業関係者らと一緒に「文化遺産を未来につなぐ森づくりの為の有識者会議」(現在は一般社団法人「文化遺産を未来につなぐ森づくり会議」に改組)を発足させ、研究調査、普及活動などに取り組んでいます。

気が合う男といえば、二〇一四年に八一歳で亡くなった菅原文太さんもそうです。これまた文《ぶん》ちゃんと呼んでいたので、やはり文ちゃんでいきます。文ちゃんはおもしろい男で、本当に正直な人でした。

相国寺の塔頭のひとつに、慈雲院《じうん》というところがあります。ここは親が亡くなった、蒸発した、虐待するなど、さまざまな事情で親と一緒に暮らせない子どもたちを預かる児童養護施設を運営しています。私は、そこの後援会の会長をやらせてもらっています。年に一回、総会を開催するのですが、そこにいろいろな人が来て、励ましの言葉をかけてくださいます。文ちゃんも、その一人でした。

彼が亡くなる直前の二〇一四年の総会前に、「文ちゃん、来る?」と聞くと、「行くよ。でも、ちょっと待って。これから沖縄に行ってこなくてはいけない」といいます。沖縄から帰ったその足で、まっすぐに訪ねてきてくれました。

聞くと、沖縄県知事選に立候補(当選)した翁長雄志《おながたけし》さんの応援演説に行ってきたといいます。そこで文ちゃんは、米軍普天間飛行場の名護市辺野古への移設に向けた埋め立てを承認した対立候補の仲井眞弘多《なかいまひろかず》さんに向け、彼の代表作である『仁義なき戦い』のラストシーンのセリフを引用して、「仲井眞さん、弾はまだ一発残っとるがよ」と述べたそうです。彼が入院先の病院で亡くなったのは、そのすぐ後でした。

文ちゃんも北海道が好きで、たびたび中標津《なかしべつ》町の養老牛《ようろううし》温泉にある湯宿に出かけていました。そこはシマフクロウがやって来る宿として知られており、彼はそれを見に行っていました。「今度、わしも連れて行きや」というと、「わかった。今度一緒に行こう」といってくれたのですが、とうとう行くことがないままに終わってしまいました。

文ちゃんは大地に根ざして生きることの大切さを説き、山梨県に農業生産法人を設立して有機農法に取り組んだり、有志とともに国民運動グループ「いのちの党」を立ち上げ、代表として活躍していました。政界進出も噂されましたが、文ちゃんにはそんな気はさらさらありませんでした。

腹に一物《いちもつ》あるような人間ばかりが跋扈《ばっこ》している世の中で、文ちゃんは本当に邪念がなく、何とも爽やかで、無《む》一物《いちもつ》を地で行くような人間でした。

わっぺいちゃんにしろ、文ちゃんにしろ、共通しているのは行動の人だということです。机の前や居心地のいい部屋に安住して、そこから物申すだけの人間ではありませんでした。自分の肉体で経験し、そこで会得したことを糧にものを書き、発言した人でした。どうやら私は、そういう人間と馬が合うようです。

施設の子どもたちに愛される長嶋茂雄さんは本物のスーパースターでした。

素直にものごとを見るということでは、子どもの目にかなうものはありません。それゆえ、子どもに嘘はつけません。口には出さないものの、子どもたちにはそれが本当であるのか、嘘であるのか、わかっています。それだけに子どもたちを裏切るようなことや、伸びていこうとする芽を摘むようなことがあってはいけません。どのような境遇に置かれた子どもに対しても、そっと背中を押してやれる社会でありたいと思います。

私は三重県津市にある社会福祉法人「敬愛会」の理事長をしています。ここは知的障害者支援施設や特別養護老人ホームなどを運営しているところです。知的障害者と聞けば、一般にはひどい逆境にいると思うでしょうが、そこに入所・通所している子どもたちを見ていると、こちらが教えられることが多く、何よりも心が純粋です。

そこで、こんなことがありました。その施設には少し離れたところに開墾した土地があり、そこでイモやトウモロコシをつくったりしています。その作業を知的障害のある子どもたちがやるのですが、あるとき、作業の途中で引率の先生が電話をかける用事を急に思い出したので、子どもたちに「ちゃんとやっておいてね」といって、事務所に戻りました。

ところが、長電話をしているうちに日が暮れてしまいました。先生は子どもたちを畑に残してきたことに気づき、あわてて畑に戻りました。すると暗闇の中で、子どもたちが懸命に作業を続けていたといいます。先生のいったことに対して疑うことを知らない、本当に純粋な子どもたちです。

先ほども述べましたが、相国寺の塔頭の慈雲院では住職を理事長とする社会福祉法人「衆善会《しゅうぜんかい》」が、児童養護施設の「和敬学園《わけいがくえん》」を運営しています。創立は古く、大正時代の一九二四年にさかのぼります。

当時の住職の樋口琢堂《たくどう》禅師は社会福祉活動こそ僧侶たるものの本分だという信念を持ち、行き場のない非行少年たちを本堂や庫裏《くり》で預かったのがその前身です。現在、約六〇人の子どもたちが共同生活を送っていますが、ここから社会へと巣立っていった子どもたちは数知れません。

私が後援会の会長としてできることは、寄付集めなどの資金面でのお手伝いです。子どもたちの中には大学受験をするものもいますが、せっかく合格しても入学金や授業料などの壁が立ちふさがり、泣く泣く断念せざるを得ない状況に追い込まれるケースがあります。そういうときが後援会の出番です。授業料は奨学金やアルバイトなどで本人に何とかしてもらわなければなりませんが、せめて入学金だけでも援助してあげたいのです。

また、普段の生活でも、たとえばお正月には少ないながらもお年玉をあげたいし、誕生日にはささやかなプレゼントもあげたい。何をするにしろ、先立つものはお金です。

私が会長を引き受けた当初、後援会の会員は三〇人程度でした。正直いって、これでは子どもたちを資金面で支えてあげることは困難です。何とかして後援会の人数を三ケタに乗せたいと思い、知人などにも働きかけましたが、まずは世間に和敬学園のことを知ってもらう必要がありました。そこで、年一回の後援会の総会に世間の注目を集めているような人物を呼び、それによって会員を集めようと考えました。

たまたま知人に当時、読売ジャイアンツの監督だった長嶋茂雄さんと懇意にしているという人がいました。そこで長嶋さんを呼んでくれるよう彼に頼むと、「はい、承知しました」とあっさりと引き受けてくれました。そのうち、「シーズンが終わったら喜んでうかがいます」と連絡が来ました。

それでも多忙な人なので、来てくれるかどうか半信半疑だったのですが、京都での用事の時間をやりくりして、本当に来てくださったのです。子どもたちが喜んだこと、喜んだこと。子どもたちは長嶋さんが来てくれると信じて、西暦の二〇〇〇年にちなみ、優勝祈願のために二〇〇〇羽の折り鶴をつくって待っていたのです。

その折り鶴を贈り、長嶋さんと記念写真を撮りました。後で、その写真をテレフォンカードにしたのですが、子どもたちはそれを学校の友だちに見せびらかしたと誇らしげに話していました。おかげさまで、後援会の会員数は一気に一六〇〇人に増えました。

それにしても、長嶋さんの天真爛漫《てんしんらんまん》さはすばらしい。少しも偉ぶることなく、子どもたちにも分け隔てなく接してくれます。そういう人間だというのがわかるから、子どもたちも気後れすることなく彼に近づいていきます。彼がそこにいるだけで、その場がパッと明るくなります。嘘偽りのない本物のスーパースターと呼ぶにふさわしい人間だと実感しました。

参考文献

有馬頼底『60歳からヘタれない生き方』幻冬舎、2018年
有馬頼底『禅僧が往く　私の履歴書』日本経済新聞社、2004年
有馬頼底『『臨済録』を読む』講談社現代新書、2015年
有馬頼底『茶の湯とは何ぞや　禅僧、茶の心を問う』世界文化社、2012年
筒井紘一『利休聞き書き「南方録 覚書」全訳注』講談社学術文庫、2016年
夢窓国師『夢中問答集』川瀬一馬校注・現代語訳、講談社学術文庫、2000年
朝比奈宗源『臨済録』タチバナ教養文庫、2000年
中川孝『六祖壇経』タチバナ教養文庫、1995年
リース・グレーニング『隻手の音なき声　ドイツ人女性の参禅記』上田真而子訳、筑摩書房、2005年
辻惟雄『奇想の系譜　又兵衛―国芳』ちくま学芸文庫、2004年
平塚景堂『内なる風景へ　禅の現在型をさぐる』禅文化研究所、2007年

著者略歴

有馬頼底《ありまらいてい》

一九三三年、東京生まれ。

臨済宗相国寺派第七代管長。

鹿苑寺(金閣寺)、慈照寺(銀閣寺)の住職も兼任。

京都仏教会理事長。

八歳で大分県日田市の岳林寺にて得度。

京都相国寺の専門道場に入門、修行。

現代日本の仏教界を代表する禅僧。

久留米藩主有馬家の子孫にあたる。

『60歳からヘタれない生き方』(幻冬舎)など著書多数。

幻冬舎新書 572

真贋力《しんがんりょく》

金閣寺・銀閣寺住職が教える目利きの力

二〇一九年十一月三十日　第一刷発行

著者　有馬頼底
発行人　志儀保博
編集人　小木田順子
発行所　株式会社　幻冬舎
〒一五一-〇〇五一　東京都渋谷区千駄ヶ谷四-九-七
電話　〇三-五四一一-六二一一(編集)
〇三-五四一一-六二二二(営業)
振替　〇〇一二〇-八-七六七六四三
ブックデザイン　鈴木成一デザイン室
印刷・製本所　中央精版印刷株式会社

Printed in Japan　ISBN978-4-344-98574-2 C0295
あ-18-1
幻冬舎ホームページアドレス https://www.gentosha.co.jp/
＊この本に関するご意見・ご感想をメールでお寄せいただく場合は、comment@gentosha.co.jp まで。